高校

マンガとゴロで
100%丸暗記

世界史年代

受験研究社

本書の特長と使い方

　本書は、世界史の重要年代(できごと)を楽しく暗記できる工夫がたくさん詰まった年代暗記本です。

　中心となる Chapter は、五・七・五調の年代のゴロ合わせと解説文でまとめ、イラストもユニークさにこだわりました。 Chapter のはじめの Introduction は楽しい４コマのギャグマンガにしています。 Appendix では世界史をテーマ別にまとめるなど、学習に役立つページを設けました。

　重要年代は大学入試対策で必要な300個に厳選したので効率よく学習できます。また、消えるフィルターを利用することで空所補充問題集としても使えます。

Chapter

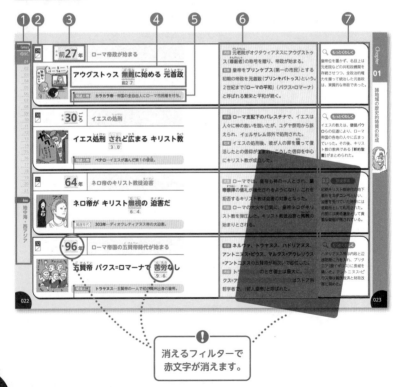

❶ ❷ ❸ ❹ ❺ ❻ ❼

前27年　ローマ帝政が始まる

アウグストゥス 無難に始める 元首政
前27

カラカラ帝…帝国の全自由人にローマ市民権を付与。

背景　元老院がオクタウィアヌスにアウグストゥス(尊厳者)の称号を贈り、帝政が始まる。
意義　皇帝をプリンケプス(第一の市民)とする初期の帝政を元首政(プリンキパトゥス)という。２世紀まで「ローマの平和」(パクス=ロマーナ)と呼ばれる繁栄と平和が続く。

もっとくわしく
皇帝位を置かず、名目上は元老院などとの共和政体を存続させつつ、全政治的権力を握って統治した元首政は、実質的な帝政であった。

30年　イエスの処刑

イエス処刑 されど広まる キリスト教
30

ペテロ…イエスが選んだ第1の使徒。

背景　ローマ支配下のパレスチナで、イエスは人々に神の救いを説いたが、ユダヤ教司から訴えられ、イェルサレム郊外で処刑された。
意義　イエスの処刑後、彼が人の罪を償って復活したとの信仰が宣揚し、こうした信仰を中心にキリスト教が成立した。

もっとくわしく
イエスの教えは、使徒パウロらの伝道により、ローマ帝国の各地の人々に広まっていった。その後、キリスト教の教典である『新約聖書』がまとめられた。

64年　ネロ帝のキリスト教徒迫害

ネロ帝が キリスト 無視の 迫害だ
6 4

相当年代　303年…ディオクレティアヌス帝の大迫害。

背景　ローマでは、皇帝も神の一人とされ、皇帝崇拝の儀礼が強化されるようになり、これを拒否するキリスト教が迫害の対象となった。
意義　ローマの大火を口実に、皇帝ネロがキリスト教を弾圧した。キリスト教迫害の発端とされる。

地下納骨堂
初期キリスト教徒の地下墓所をカタコンベといい、迫害を受けた時代には礼拝堂としても利用された。内部には壁画などとして貴重な絵画が残されている。

96年　ローマ帝国の五賢帝時代が始まる

五賢帝 パクス=ロマーナで 苦労なし
9 6

関連人物　トラヤヌス…五賢帝の一人で初の属州出身の皇帝。

背景　ネルウァ、トラヤヌス、ハドリアヌス、アントニヌス=ピウス、マルクス=アウレリウス=アントニヌスの五賢帝が相次いで即位した。
意義　　　のとき領土は最大に。クス=アウレ　　　　はストア派哲学者で、「哲人皇帝」と呼ばれた。

ハドリアヌス帝は内政と辺境防衛に力を入れ、ブリタニア(現イギリス)に長城を築いた。アントニヌス=ピウス帝の治世は繁栄と財政改善に恵まれた。

022　023

> ❗ 消えるフィルターで赤文字が消えます。

❶各ページで取り上げたできごとの世紀などを、一目でわかるようにしました。

❷マスターした年代や苦手な年代に印をつけられる、使い方自由のチェック欄です。

❸年代の重要度に応じて星印を入れました。（なし→★→★★の３段階）

❹歴史的事項を織り込みつつ、五・七・五調でリズムのよい暗記文です。

　しかも数字の読み方がわかりやすいので、ゴロ合わせとなる重要年代をすぐ覚えられます。

❺取り上げたできごとに関連する年代や人物を、まとめて覚えることができます。

❻ 背景 結果 などの見出しで区切り、整理しながら学習できる解説文です。

❼「もっとくわしく」「関連事項」や図表・写真で、さらに理解を深めることができます。

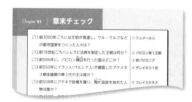

Chapter 01 章末チェック

章末チェック

Chapter の基本事項を確認できる、一問一答形式の問題です。

Introduction

Introduction ｜ Chapter 01

ペロポネソス戦争が始まる
約431年 ▶p.016

コンスタンティノープル遷都
330年 ▶p.026

Chapter で扱った重要年代とそのゴロ合わせをもとにした４コママンガです（面白く読んでもらえるように派手に脚色しています）。

Appendix

Appendix 01 ｜ 重要年代テーマ別整理

中国の王朝、国際条約など特定のテーマごとに重要年代と内容を整理しました。

Appendix 02 ｜ 世界史年表

巻末には世界史年表を設けました。

CONTENTS

数字の読み方

※おもな読み方のみ。

0	う、えん、お、おう、おお、ゼロ、せん、ぜん、まる、れ、れい、わ、を
1	い、いい、いち、いちばん、いつ、いっ、いん、じゆう、せん、ぜん、てん、と、とう、とお、とっ、はじめ、ひ、び、ヒー、ひと、ひど、びと、ひとつ
2	じ、つ、に、にっ、にん、ふ、ぶ、ふう、ぶん
3	さ、ざ、さあ、さっ、さん、ざん、み、みつ
4	し、しん、よ、よう
5	こ、ご、こう、ごう、コー、ゴー
6	む、り、りょく、ろ、ろう、ロー、ろく、ろん
7	しち、な、ナー、なん
8	は、ば、ぱ、ばつ、はん、ばん、や
9	きゅう、く、こ、くに
10	じゅう、とう、とお

Chapter

01

諸地域の歴史的特質の形成

ペルシア戦争後ギリシアの覇権をめぐり2つの勢力が対立…

わが帝国も巨大になり都ローマから各地への移動が面倒になってきた…

コンスタンティヌス帝

VS

デロス同盟（盟主：アテネ）

ペロポネソス同盟（盟主：スパルタ）

よしビザンティウムに遷都しわが名にちなんでコンスタンティノープルと改称しよう

コンスタンティノープル

ローマ

戦争する前に話しときたいことがあるんや

同感だこちらからも聞いときたいことがある

民衆たちよローマからさあ去れ（330）遷都だ！

去れー！

ド

もうひとこえ…！

予算（前431）くらいにしとく？　これでどないや？

パチッ

引っ越し代は陛下持ちでOKですよね？

ムキー''

ポン

殷王朝の成立
前16世紀ころ　▶p.032

殷墟を発掘したところ
いろいろ世紀（前16世紀）
の大発見が…

すごい！
これは三本足の
青銅の祭器だ

これは占いの亀甲で
甲骨文字が刻まれてます

おお

何てことだ！
ここでこんなお宝が
見つかるなんて！

これはその〜…

エジプトの遺跡の
発掘品が
混ざってました…

ダメだ
こりゃ…

武帝、張騫を西域に派遣
前139年　▶p.036

宿敵の匈奴を
倒すには
西方の大月氏と
結んで挟み撃ち
するしかない…

武帝

張騫よ
お前を使者として
大月氏に派遣する
大月氏と同盟するための
良策を考えてほしい

いい策（前139）が
ございますぞ
陛下

ほほう
どんな策だ？

普段の陛下を描いた
肖像画を贈れば
きっと怖気づきましょう

朕は切れキャラか！

1 前**3000**ごろ　古代エジプトに王国が成立

燦然と輝くクフのピラミッド
前3000　前26世紀ごろのエジプト王

関連年代　1799年…ロゼッタ=ストーンが発見される。

2 前**3000**ごろ　シュメール人が都市国家を形成

ウル遺跡　見ればそびえる　ジッグラト*
前3000

＊ジッグラト…聖塔。神殿が置かれた煉瓦づくりの塔。

関連年代　前24世紀…アッカド人が王国を建設。

3 前**18**世紀ごろ　ハンムラビ王のメソポタミア統一

目には目を　いやなら従え　ハンムラビ王
前18世紀

関連年代　前16世紀初め…ヒッタイト人により滅亡。

4 前**16**世紀　エジプト新王国の成立

ヒクソス追い　一路建国　エジプト人
前16世紀

関連人物　アメンヘテプ4世…唯一神アテンの信仰を強制。

内容 「**エジプトはナイルの賜物**」といわれ、早くから農業が行われていた。

経過 古王国は**メンフィス**を都とし、ピラミッドが造営された。**テーベ**を都とする中王国は、末期に遊牧民の**ヒクソス**に支配された。その後、前16世紀にヒクソスを追放して新王国が成立した。

Q **もっとくわしく**

エジプトでは、王(**ファラオ**という)が「生ける神」として権力をふるった。象形文字の神聖文字(**ヒエログリフ**)や**太陽暦**が用いられ、太陽神**ラー**を中心とする多神教であった。

内容 **ティグリス川・ユーフラテス川**流域の**メソポタミア**地方(現イラク)に、神殿を中心とする**ウル・ウルク**などの都市国家が分立。

結果 シュメール人の都市国家では、王を中心に、神官や軍人らが人々を支配する階級社会が成立したが、前24世紀ごろ、**アッカド人**に滅ぼされた。

! **関連事項**

古代メソポタミアの宗教は多神教であった。また、河川の氾濫を予測するために、天文学や数学が発達した。**太陰暦・六十進法**が考案され、**楔形文字**が用いられた。

内容 **バビロン第1王朝**がメソポタミアを統一。ハンムラビ王の**ハンムラビ法典**から、**復讐法**や**身分**の存在など、社会の様子がわかる。

結果 バビロン第1王朝は、前16世紀初め、はやくから**鉄器**を使用した小アジアの**ヒッタイト人**に滅ぼされた。

Q **もっとくわしく**

前19世紀ごろ、**アムル人**によってバビロン第1王朝が建てられた。第6代のハンムラビ王は周辺の都市国家を征服し、**ハンムラビ法典**を制定し、中央集権的な統治を行った。

経過 前27〜前22世紀の王朝は古王国、前21〜前18世紀の王朝は中王国と呼ばれる。遊牧民ヒクソスを撃退して成立したのが新王国である。

結果 新王国は、シリアまで支配を広げ、ヒッタイト・ミタンニ・カッシートと争った。**アメンヘテプ4世**がテル=エル=アマルナに遷都した。

! **関連事項**

アテン神信仰の強制は**アメンヘテプ4世**の死によって終わった。新都のテル=エル=アマルナでは、信仰改革の影響により、古い伝統にとらわれない写実的な**アマルナ美術**が栄えた。

オリエント・エジプト

5 ★前**922**年　　ヘブライ王国の分裂

ソロモン後　急に分裂　ヘブライ人

前９２２

関連人物　モーセ…前13世紀ヘブライ人を率いてエジプト脱出。

6 ★前**612**年　　アッシリア王国の滅亡

アッシリア　路頭に迷って　4国に

前６１２

関連年代　前7世紀前半…アッシリア王国が全オリエント統一。

7 ★★前**586**年　　バビロン捕囚

ユダ倒れ　捕囚拒むも　バビロンへ

前586

関連年代　前538年…「バビロン捕囚」の解放。

8 ★★前**550**年　　アケメネス朝の成立

アケメネス　ここを治めた　ペルシア人

前５５０

関連人物　キュロス2世…アケメネス朝の建国者。

経過 パレスチナに定住していたヘブライ人は、前11世紀末にヘブライ王国を建設した。**ダヴィデ王**と**ソロモン王**のときに繁栄したが、ソロモン王の死後、イスラエル王国とユダ王国に分裂した。

結果 イスラエル王国は**アッシリア**に、ユダ王国は新バビロニアによって滅ぼされた。

! **関連事項**

ヘブライ人と同じセム語系のアラム人は、**ダマスクス**を中心に陸上交易で栄えた。フェニキア人は海上交易で活躍し、**カルタゴ**などの植民市を築いた。

内容 アッシリア王国は、前7世紀前半に鉄製の武器と戦車・騎兵(きへい)を用いて全オリエントを統一した。しかし重税と圧政が服属民族の反発をまねき、反乱を起こされて滅亡した。

結果 滅亡後、**リディア・メディア・新バビロニア・エジプト**の4王国が分立した。

! **関連事項**

リディアでは最古の金属貨幣がつくられた。新バビロニアは勢力を拡大し、ネブカドネザル2世のときに最盛となったが、前538年にアケメネス朝に滅ぼされた。

内容 ヘブライ王国は、**イスラエル王国とユダ王国**に分裂。**アッシリア**がイスラエル王国を、新バビロニアがユダ王国を滅ぼして住民をバビロンに強制移住させた。

結果 アケメネス朝時代に故郷に帰国した人々が、**イェルサレム**で**ユダヤ教**を形成した。アケメネス朝滅亡後、ユダヤ人はセレウコス朝に支配された。

! **関連事項**

ヘブライ人は、唯一神(ゆいいっしん)ヤハウェを信仰し、**モーセ**の指揮でエジプトを脱出し、パレスチナに定着、前11世紀末にヘブライ王国を建設したが、前922年に分裂した。

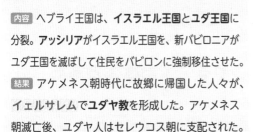

内容 アケメネス朝は、**アッシリア王国**のあと、**インド=ヨーロッパ語系のペルシア人**が建国した。「諸王の王」**ダレイオス1世**のとき最盛期。

参考 ペルシア人は、世界を善悪の2神の闘争と見るゾロアスター教を信仰。フェニキア人やアラム人の交易活動を保護し、**ペルシア文字**をつくった。

🔍 **もっとくわしく**

ダレイオス1世は領土を約20の州に分け、知事(**サトラップ**)を派遣し、「王の目」「王の耳」と呼ばれた監察官に監視させた。また、国道や駅伝制(えきでんせい)を整備した。

9 前2000ごろ クレタ文明の始まり

迷宮に 似せたクレタの クノッソス
前2000

関連人物 エヴァンズ…1900年以降、クレタ文明を発見。

10 前16世紀 ミケーネ文明の始まり

クレタ後に 人群れ興った ミケーネ文明
前16世紀

関連人物 シュリーマン…トロイア遺跡を発掘。

11 ★前594年 ソロンの改革

ソロンやる ごく真剣な 改革だ
前5 9 4

関連人物 ドラコン…前7世紀に法律を成文化した。

12 ★前509ごろ ローマが共和政となる

共和政 号令くだす 王はなし
前5 0 9

関連年代 前753年ごろ…ティベル河畔にローマ建国。

内容 東地中海沿岸で、ヨーロッパ最初の青銅器文明である**エーゲ文明**が誕生した。エーゲ文明は、前2000年ごろの**クレタ文明**から始まった。**クノッソス宮殿**が有名である。

結果 前15世紀には、ギリシア本土から侵入してきたギリシア人により支配された。

! **関連事項**

クノッソス宮殿に代表される宮殿建築が特徴だが、城壁がないなど、平和な文明であったことがうかがえる。**クレタ絵文字・線文字A**が使用されたが、未解読である。

内容 **ミケーネ文明**は、前16世紀から、ギリシア人がミケーネ地方を中心に築いた青銅器文明で、クレタ島を支配し、さらにアナトリア高原（小アジア）の**トロイア**まで勢力をのばした。

結果 前1200年ごろ滅亡し、その後400年間、ギリシアでは**暗黒時代**と呼ばれる混乱期が続いた。

! **関連事項**

ミケーネ文明の人々は戦闘的な性格で、ミケーネ・ティリンスなどに城塞王宮を築いた。ヴェントリスらが解読した**線文字B**から、ミケーネ文明の社会のさまざまな様子がわかった。

背景 アテネでは、富裕な平民が中心となった**重装歩兵部隊**が軍隊の主力となり、こうした平民らが参政権を求め、民主政への要求が高まっていた。

内容 **ソロン**は、貴族と平民の調停者として、負債の帳消し、**財産政治**や**債務奴隷**の禁止などの改革を行ったが、両者から不評だった。

🔍 **もっとくわしく**

財産政治とは、血統に関係なく財産に応じて平民の参政権を認めたもの。**債務奴隷**とは、土地や身体を抵当に借財し、返済できずに奴隷身分に転落した市民のこと。

経過 ローマは、最初のころ、先住民の**エトルリア人**の王に支配されていたが、前6世紀末に王が追放されて共和政となった。

内容 ローマでは貴族と平民の身分差があり、最高官職の**コンスル**は貴族から選出された。実質的な支配権を持ったのは**元老院**であった。

! **関連事項**

ローマは**ラテン人**の**都市国家**から発展した。伝説では、ティベル河畔の丘に**集住**したのが起源とされ、言語は**ラテン語**、文字は**ローマ字**である。

13 ★前508年　クレイステネスの改革

クレイステネス 困るやつから 追放し
前508　　　　　　　　　陶片追放

関連人物　ペイシストラトス…前561年にアテネ僭主となる。

14 前490年　マラトンの戦い

助けに行くぞーッ!!

重装歩兵 至急応援 マラトンへ
前490

関連年代　前492年…ペルシア軍がギリシア北部を服従させる。

15 ★前480年　サラミスの海戦

シャレの ひとつでも 言わんかい! まいったー

サラミス戦 ペルシア敗れて しゃれもなし
前480

関連人物　テミストクレス…ギリシア艦隊を率いて勝利。

16 ★前450ごろ　十二表法の制定

人々が 施行を望む 十二表法
前450

関連年代　前5世紀初め…護民官と平民会が設置される。

経過 アテネでは、**ドラコン**が成文法を定め、**ソロン**が財産に応じた市民の権利を定めた。その後、僭主の**ペイシストラトス**が中小農民を保護し、平民層の育成をはかった。

結果 最後に**クレイステネス**が独裁を防ぐ**オストラキスモス(陶片追放)** の制度を定めた。

Q もっとくわしく

クレイステネスは、血縁に基づいた4部族制を廃止し、地縁共同体に基づく10部族制に改めた。陶片追放の制度は、後に煽動の道具として悪用されたため、前5世紀末に中止された。

背景 **アケメネス朝**(ペルシア)に反抗したミレトスを中心とする小アジアのイオニア植民市をアテネが援助したことから、ペルシアがギリシアに遠征軍を派遣した(**ペルシア戦争**)。

結果 前490年、**マラトン**に上陸した**ダレイオス1世**の軍勢を**アテネの重装歩兵**軍が撃退した。

--→ 第1回(前492)
--→ 第2回(前490) --→ 第3回(前480)

▲ペルシア戦争

内容 ペルシアの遠征軍は**アテネを占領**したが、サラミス湾でギリシア海軍に敗北した。

結果 軍船の漕ぎ手としてアテネの**無産市民**が活躍した。戦後は、アテネを盟主に**デロス同盟**が結成された。将軍**ペリクレス**の下で民主政が徹底され、民会が政策を決定した。

Q もっとくわしく

ペリクレス時代のアテネ民主政は、女性、外国人、奴隷を除く男子市民のみに参政権が与えられた**直接民主政**であった。成年男性市民の全体集会である民会が多数決で政策を決定した。

背景 ローマ共和政では、**コンスル**(執政官)や**元老院**などの官職を貴族が独占していた。

内容 平民は貴族に対し、**平民会**の設置や元老院、コンスルの決定に拒否権を持つ**護民官**の設置を認めさせ、前450年ごろには最古の成文法である**十二表法**が制定された。

! 関連事項

非常時には**独裁官**が置かれた。**十二表法**は12枚の板に記されて公にされたものだが、法を文章にして人々に公表する点に意義があり、平民の地位向上がはかられた。

17 ★前367年　リキニウス・セクスティウス法の制定

平民に 魅力な法律 リキニウス
前3 6 7

関連人物　グラックス兄弟…のちにこの法の復活をはかる。

18 ★前431年　ペロポネソス戦争が始まる

ペロポ戦 予算いくらで 始めるの?
ペロポネソス戦争　前4 3 1

関連年代　前371年…テーベがスパルタと戦い、勝利する。

19 前338年　カイロネイアの戦い

帰ろうね 散々やられた ギリシア軍
カイロネイアの戦い　前3 3 8

関連年代　前337年…コリントス同盟が結成される。

20 ★前334年　アレクサンドロス大王の東方遠征開始

アレクさん さっさ横取り オリエント
アレクサンドロス　前3 3 4

関連人物　アリストテレス…アレクサンドロスの教育係。

内容 護民官のリキニウスとセクスティウスが
制定した。**コンスル(執政官)** 2名のうち1名は
平民から選出すること、1人当たりの公有地の
占有を制限することが定められた。

参考 公有地の占有は、1人500ユゲラ(約125
ha)に制限された。

! **関連事項**

ローマが対外戦争で得た領
地は、実質的に貴族が占有
して莫大な利益を上げてい
た。これに平民が不満を持
ったことが、公有地制限の
背景としてあった。

背景 ギリシアの覇権をめぐり、デロス同盟の
盟主**アテネ**に対し、**スパルタ**が対抗した。

結果 ペリクレスの死後、アテネ民主政は**衆愚
政治**に変質して、スパルタに敗北。その後、ス
パルタも**テーベ**に敗れて、**傭兵**らによるポリ
ス間の抗争が続いた。

もっとくわしく

デロス同盟の盟主アテネの
専横に対し、スパルタは周
辺国と組んだ**ペロポネソス
同盟**で対抗して戦争となっ
た。ペルシアと結んだスパ
ルタが勝利した(前404年)。

内容 マケドニア王国の**フィリッポス2世**が、
カイロネイアの戦いでアテネやテーベの連合軍
に勝利し、ギリシアのポリスを支配下に置いた。

結果 その後、フィリッポス2世は**コリントス
同盟**を結成したが、暗殺されて、子の**アレクサ
ンドロス**があとを継いだ。

もっとくわしく

古代マケドニアはギリシア
人の国で、ギリシア北方に
位置した。彼らはポリスを
形成していなかった。**現代
のマケドニア**(北マケドニ
ア)は、1991年に独立し
たスラヴ人の国である。

経過 大王はペルシアを討つため東方遠征を開
始。前333年**イッソスの戦い**に勝利し、その後
アケメネス朝は滅亡。**ヘレニズム時代**が始まる。

結果 大王の死後、帝国は**プトレマイオス朝エ
ジプト・セレウコス朝シリア・アンティゴノ
ス朝マケドニア**などの諸国に分裂した。

▲ヘレニズム時代の3国

21 前**330**年　アケメネス朝の滅亡

アケメネス アレクに刺され 滅亡し

アレクサンドロス　前３３０

関連人物　ダレイオス３世…アケメネス朝最後の王。

22 ★前**287**年　ホルテンシウス法の制定

ホルテンに 話せばわかる 平民会

ホルテンシウス法前２　87

関連年代　前367年…リキニウス・セクスティウス法の制定。

23 ★前**264**年　ポエニ戦争が始まる

ポエニ戦 踏むよシチリア ローマ軍

前２　6　4

関連年代　前202年…ザマの戦いでローマがカルタゴに圧勝。

24 ★前**133**年　グラックス兄弟の改革が始まる

グラックス 勇み立ちやる 土地分配

前133

関連年代　前121年…弟の自殺により改革は挫折。

経過 **ダレイオス3世がアレクサンドロス大王**に、前333年の**イッソスの戦い**、前331年の**アルベラの戦い**で敗れた。

内容 アルベラの戦い敗戦後、ダレイオス3世は家臣に暗殺され、前330年に古代ペルシア帝国のアケメネス朝は滅亡した。

! **関連事項**

アレクサンドロス大王がエジプトに建設した**アレクサンドリア**には、学問研究所の**ムセイオン**が置かれ、ギリシア学問の中心となった。アレクサンドリアの人口は100万をこえた。

内容 **ホルテンシウス法**で、**平民会**の決議が国法とされることになった。

経過 ローマは、服属した都市の有力者に**ローマ市民権**を与え、各都市を植民市・自治市などに分け、異なる条件で扱う**分割統治**の方法で、前272年にはイタリア半島を支配した。

▲ローマとその周辺

内容 **カルタゴ**とローマの3度にわたる戦争。

経過 ローマは、最初の戦争で**シチリア**を**属州**とし、第2回の戦争では**名将ハンニバル**に苦戦したが、**ザマの戦い**で勝利。第3回の戦争で**カルタゴが滅亡**（前146年）し、ローマは西地中海を支配した。

🔍 **もっとくわしく**

カルタゴは、海上交易で栄えた**フェニキア人**植民市で、現在のチュニジアにあった。西地中海交易を独占し、ギリシア植民市とも対立した。ザマの戦いで大敗した。

背景 征服戦争が続くローマでは、重装歩兵を担った農民が没落する一方、有力者は所有地を増やし、戦争捕虜の奴隷を大量に使う大土地所有制（**ラティフンディア**）で農業を経営した。

結果 **グラックス兄弟**は大土地所有者の土地を無産市民に再分配しようとしたが、失敗した。

🔍 **もっとくわしく**

前133年に護民官となった兄は、元老院と対立して暗殺された。弟が兄の改革を引き継いだが、元老院の反撃で自殺し、改革は挫折した。以後、「内乱の1世紀」と呼ばれる混乱の時代に突入した。

25　前**73**年　剣奴スパルタクスの反乱が起こる

剣奴でも　並じゃないのは　スパルタクス
前73

> 関連年代　前71年…クラッススらが反乱を鎮圧。

26　★前**60**年　第1回三頭政治が始まる

カエサルら　群れた3人　国を分け
前60

> 関連年代　前53年…クラッススがパルティア遠征で戦死。

27　★前**44**年　カエサルが暗殺される

ブルートゥスら　獅子のカエサル　暗殺し
前44

> 関連年代　前43年…第2回三頭政治が始まる。

28　前**31**年　アクティウムの海戦

アントニウス　クレオパトラと　最期まで
前31

> 関連年代　前304年…プトレマイオス朝が建国。

背景 ローマでは閥族派と平民派が争い、没落
した農民は都市へ流入して**無産市民**となった。
有力者は小麦や娯楽を提供して支持基盤とした。

結果 **剣奴**(剣闘士の奴隷)出身の**スパルタクス**
が奴隷反乱の首領となり、多数の奴隷が加わる
が、**富豪クラッスス**らに鎮圧された。

🔍 **もっとくわしく**

閥族派は元老院による伝統
的支配を守ろうとした勢力
で代表人物は**スラ**。平民派
は騎士階級・無産市民から
支持された勢力で代表人物
は**マリウス**。マリウスは軍
制改革で傭兵制を導入した。

背景 私兵を抱えた有力者がローマ政界に出現。

経過 前60年、**平民派のカエサル**、**閥族派のポン
ペイウス**、**富豪クラッスス**が元老院に対抗する。

結果 カエサルは**ガリア**(現フランス)に遠征後、
ローマに進軍して**ポンペイウス**を倒すと、独裁
官(ディクタトル)に就任し、安定化につとめた。

⚠️ **関連事項**

カエサルはガリア遠征で**ブ
リタニア**にも上陸し、英仏
両国に足跡を残した最初の
ローマ人となった。カエサ
ルの台頭に対し、ポンペイ
ウスは元老院に接近した。

背景 カエサルはエジプトで**クレオパトラ**を擁立。

内容 カエサルは**終身独裁官**となり、ユリウス
暦の採用などの改革を行ったが、警戒した**ブル
ートゥス**ら共和主義者に暗殺された。

結果 その後、**オクタウィアヌス・アントニウス・
レピドゥス**が、**第2回三頭政治**を始めた。

⚠️ **関連事項**

「ブルートゥス、おまえも
か!」の語はシェークスピ
アの戯曲で有名になった。
カエサルは『**ガリア戦記**』の
著者としても知られている。

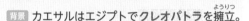

内容 **オクタウィアヌス**は、この海戦でアント
ニウスを破り、「内乱の1世紀」が終了する。

結果 **プトレマイオス朝エジプト**は滅ぼされて
ローマの属州となり、**ヘレニズム時代**が終わる。
エジプトを支配したローマ帝国の地中海統一が
完成した。

⚠️ **関連事項**

クレオパトラは、聡明さと
美貌でカエサルとアントニ
ウスを魅了し、王位を維持
したとされる。**アクティウ
ムの海戦**後、自殺した。

| 29 | ★前**27**年 | ローマ帝政が始まる |

アウグストゥス 無難に始める 元首政

前27

関連人物　カラカラ帝…帝国の全自由人にローマ市民権を付与。

| 30 | ★**30**ごろ | イエスの処刑 |

イエス処刑 されど広まる キリスト教

30

関連人物　ペテロ…イエスが選んだ第1の使徒。

| 31 | **64**年 | ネロ帝のキリスト教徒迫害 |

ネロ帝が キリスト無視の 迫害だ

64

関連年代　303年…ディオクレティアヌス帝の大迫害。

| 32 | ★**96**年 | ローマ帝国の五賢帝時代が始まる |

五賢帝 パクス=ロマーナで 苦労なし

96

関連人物　トラヤヌス…五賢帝の一人で初の属州出身の皇帝。

内容 元老院がオクタウィアヌスに**アウグストゥ
ス**（尊厳者）の称号を贈り、帝政が始まる。
結果 皇帝を**プリンケプス**（第一の市民）とする
初期の帝政を**元首政（プリンキパトゥス）**という。
2世紀まで「**ローマの平和**」（パクス=ロマーナ）
と呼ばれる繁栄と平和が続く。

🔍 **もっとくわしく**

皇帝位を置かず、名目上は
元老院などの共和政機関を
存続させつつ、全政治的権
力を握って統治した元首政
は、実質的な帝政であった。

経過 **ローマ支配下のパレスチナ**で、イエスは
人々に神の救いを説いたが、ユダヤ祭司から訴
えられ、**イェルサレム**郊外で処刑された。
結果 イエスの処刑後、彼が人の罪を贖って復
活したとの信仰が生まれ、こうした信仰を中心
にキリスト教が成立した。

🔍 **もっとくわしく**

イエスの教えは、**使徒パウ
ロ**らの伝道により、ローマ
帝国の各地の人々に広まっ
ていった。その後、キリス
ト教の教典である『**新約聖
書**』がまとめられた。

背景 ローマでは、皇帝も神の一人とされ、**皇
帝崇拝**の儀礼が強化されるようになり、これを
拒否するキリスト教は迫害の対象となった。
内容 ローマの大火を口実に、皇帝ネロがキリ
スト教を弾圧した。キリスト教徒迫害と**殉教**の
始まりとされる。

⚠️ **関連事項**

初期キリスト教時代の地下
墓所を**カタコンベ**といい、
迫害を受けていた時期には
避難所として利用された。
内部には美術遺産として貴
重な壁画が残っている。

経過 **ネルウァ、トラヤヌス、ハドリアヌス、
アントニヌス=ピウス、マルクス=アウレリウス
=アントニヌスの五賢帝**が相次いで即位した。
内容 **トラヤヌス**帝のとき領土は最大に。**マル
クス=アウレリウス=アントニヌス**帝はストア派
哲学者で、「**哲人皇帝**」と呼ばれた。

🔍 **もっとくわしく**

ハドリアヌス帝は内政と辺
境防衛に力を入れ、ブリタ
ニア（現イギリス）に長城を
築いた。アントニヌス=ピ
ウス帝は貧民救済と財政改
革に努めた。

33 ☑ **224**年　ササン朝の建国

ササン朝　伝統自負よ　ゾロアスター
ちょう　でんとうじふ
　　　　　　2　2　4

| 関連人物 | ホスロー1世…ササン朝最盛期の王。 |

34 ☑ ★**3**世紀　ローマ帝国内で軍人皇帝が乱立

属州は　軍人皇帝　大賛成
ぞくしゅう　ぐんじんこうてい　だいさんせい
　　　　　　3世紀

| 関連年代 | 軍人皇帝時代…ディオクレティアヌス帝即位まで続く。 |

35 ☑ **284**年　ディオクレティアヌス帝の即位

専制だ　皇帝増やして　分治せな
せんせい　こうてい　ふ　　　ぶんち
専制君主政　　2　8　4

| 関連年代 | 395年…ローマ帝国が東西に分裂。 |

36 ☑ ★**313**年　コンスタンティヌス帝のミラノ勅令
ちょくれい

ミラノにて　再三望んだ　霧が晴れ
　　　　　さいさんのぞ　　きりは
ミラノ勅令　　3　1　3　　キリスト教公認

| 関連年代 | 392年…アタナシウス派キリスト教が国教とされる。 |

内容 アルダシール１世が、ヘレニズム期のセレウコス朝シリアから独立した**パルティア**を倒し、224年、イランに建国した。ゾロアスター教を国教とする。

結果 西方でローマ・ビザンツ帝国と争うが、７世紀にイスラーム勢力に滅ぼされた。

🔍 **もっとくわしく**

ゾロアスター教では、世界は善悪の２神である光明神**アフラ=マズダ**と暗黒神**アーリマン**の闘争と説いた。教典は『**アヴェスター**』。中国では**祆教**（けんきょう）と呼ばれた。

背景 東方の**ササン朝**や北方のゲルマン人など辺境で異民族の活動が活発になった。

内容 軍隊が立てた**軍人皇帝**が属州に乱立。

参考 ラティフンディア（大土地所有制）がいきづまり、土地にしばられた**コロヌス**を使う小作制（コロナトゥス）が広まる。

‼ **関連事項**

軍人皇帝が乱立したのは、200年続いた「ローマの平和」（パクス=ロマーナ）で、属州が発展した結果でもあった。この混乱期を境に、市民戦士制は傭兵（ようへい）中心となった。

内容 軍人皇帝時代の混乱が終わり、**専制君主政**（ドミナトゥス）が始まった。

結果 293年にローマ帝政末期の**ディオクレティアヌス帝**が、東西の正帝（せいてい）２人と副帝（ふくてい）２人の統治による**四帝分治**（テトラルキア）を実施した。

----- ディオクレティアヌス帝の四帝分治
—— テオドシウス帝死後の東西分裂

▲ローマ帝国の分裂

背景 ネロ帝以来、キリスト教徒への迫害（はくがい）が続いた。そうした中、『**新約聖書**』ができ、各地に教会がつくられ、キリスト教は拡大していった。

結果 キリスト教徒の協力で帝国を再統一した**コンスタンティヌス帝**は、北イタリアのミラノで**キリスト教を公認**する勅令を出した。

🔍 **もっとくわしく**

ミラノ勅令は、キリスト教だけではなく、すべての宗教の信仰の自由を保障する内容の勅令だった。

37 ★ 325 年　ニケーア公会議

ニケーアで 三つ子ができた アタナシウス
みつご
3　2　5

関連年代　431年…エフェソス公会議。

38 ★ 330 年　コンスタンティノープル遷都
せんと

コンスタン ローマさあ去れ 遷都だぞ
コンスタンティヌス帝　　　さ　　せんと
3　　3　0

関連年代　1453年…東ローマ帝国の滅亡。

39 ★ 392 年　キリスト教の国教化

テオドシウス 御国の国教 キリストに
みくに　こっきょう
3　92

関連人物　ユリアヌス帝…多神教復興をはかるが、失敗した。

40 ★ 395 年　ローマ帝国の東西分裂

ローマ国 もう裂くころだ 東西に
こく　　　さ　　　　　とうざい
3　95

関連年代　476年…西ローマ帝国の滅亡。

内容 小アジアの**ニケーア**で、キリスト教の教義を統一する会議が開かれ、**アリウス派**を異端とし、**アタナシウス派**が**正統**とされた。

結果 アタナシウスの教説は、のちに、神とキリストと聖霊は一体であるという**三位一体説**となった。

⚠ 関連事項

431年の**エフェソス公会議**で異端とされた、イエスの神性と人性分離説をとる**ネストリウス派**は、東方に伝わって、唐代の中国では**景教**と呼ばれた。

経過 **コンスタンティヌス帝**は、都をローマからギリシアの**ビザンティウム**（現在のイスタンブル）に遷都し、自らの名に因み**コンスタンティノープル**と改称した。

結果 以後、オスマン帝国に滅ぼされるまでの千年余り、**東ローマ帝国の都**となる。

▲コンスタンティノープル

背景 313年に公認されたキリスト教はローマ帝国全土に広まった。

内容 **テオドシウス帝**は、392年、アタナシウス派キリスト教を**国教**とした。以後、ギリシアやローマの神々の信仰をはじめとするすべての異教は禁じられた。

🔍 もっとくわしく

ニケーア公会議以降も、ローマ皇帝が信仰する宗教・宗派は皇帝ごとに異なっていたが、テオドシウス帝は熱心なアタナシウス派キリスト教徒だったことから国教化を推進した。

内容 395年にテオドシウス帝が死ぬと、帝国は2子に分け与えられ、東西に分裂した。

結果 西ローマ帝国はゲルマン人傭兵隊長の**オドアケル**によって滅ぼされた。東ローマ帝国は、独自の文化を形成して栄えたが、1453年に**オスマン帝国**によって滅ぼされた。

🔍 もっとくわしく

ローマ帝国が課していた、軍隊と官僚を支えるための重税は、属州の反乱をあいついで招き、さらに**ゲルマン人の大移動**によって国内は混乱していた。

41 ★前2600ごろ　インダス文明がおこる

インダスの 文字難しく 未解読
前2600

> 関連年代　前1800年ごろ…地方的な村落文化へと衰退。

42 ★前1500ごろ　アーリヤ人、西北インドに進入

アーリヤ人 前後見てから パンジャーブに
前1500

> 関連年代　前1200〜前1000年ごろ…『リグ＝ヴェーダ』の成立。

43 ★前1000ごろ　アーリヤ人のガンジス川進出

アーリヤ人 東へ専念 ガンジスへ
前1000

> 関連年代　前1500〜前600年ごろ…ヴェーダ時代。

44 ★★前563ごろ　ガウタマ＝シッダールタ（釈迦）の誕生

仏教を 開く前のころさ お釈迦様
前５６３　ガウタマ＝シッダールタ

> 関連人物　ヴァルダマーナ…ジャイナ教の始祖。

経過 インダス川流域の**ハラッパー・モエンジョ=ダーロ・ロータル**などで都市の遺跡が発見。

内容 **インダス文明**は、**青銅器**文明。**文字は未解読**で民族系統はドラヴィダ系と考えられるが不明。衰退の原因も洪水・乾燥・戦火などが考えられるが不明。

▲南アジア世界

内容 インダス文明衰退後、**インド=ヨーロッパ語系**の**アーリヤ人**が西北インドの**パンジャーブ地方**に進入する。

結果 雷や火などの自然神への賛歌や儀礼を記した聖典『**ヴェーダ**』がつくられた。ヴェーダは**バラモン教**で聖典とされた。

🔍 **もっとくわしく**

ヴェーダには、最古の『**リグ=ヴェーダ**』のほか、『**サーマ=ヴェーダ**』・『**ヤジュル=ヴェーダ**』・『**アタルヴァ=ヴェーダ**』がある。

経過 前10世紀以降に**バラモン教**が成立。アーリヤ人内部の階層化とバラモン教が結びつき、4つの身分を区別する**ヴァルナ制**が形成された。

結果 北インドには、**マガダ国**や**コーサラ国**などの都市国家が分立し、前5世紀には、**マガダ国**が強力になった。

🔍 **もっとくわしく**

ヴァルナ制では、**バラモン**(司祭)・**クシャトリヤ**(王族・武士)・**ヴァイシャ**(庶民)・**シュードラ**(隷属民)の4つの身分に区分された。

内容 ヴェーダの奥義である**ウパニシャッド**の最古の哲学的内容をもとに、**シャカ族の王子ガウタマ=シッダールタ**が悟りを得、仏教を開いた。**仏陀は解脱した**(悟りを得た)人の意。

結果 仏教はヴェーダの祭式やヴァルナ制を否定し、主に**クシャトリヤ**層に信奉された。

❗ **関連事項**

仏教と同時期にできた**ジャイナ教**は、極端な不殺生を説き、主に**ヴァイシャ層**の支持を得た。また、バラモン教では**ウパニシャッド哲学**がおこった。

029

45 ★前317ごろ　マウリヤ朝の成立

グプタさん 回りを見いなと 王朝建て

チャンドラグプタ王　マウリヤ朝　前317

関連人物　**アショーカ王**…マウリヤ朝最盛期の王。

46 ★1世紀　クシャーナ朝の成立

カニシカ王 一席設けて くしゃみする

1世紀　　　　　クシャーナ朝

関連年代　**前1世紀**…サータヴァーハナ朝の成立。

47 ★320ごろ　グプタ朝の成立

グプタ朝 身に負うヒンドゥー 民族文化

320

関連人物　**チャンドラグプタ2世**…グプタ朝最盛期の王。

48 606年　ヴァルダナ朝の成立

ハルシャ王 群れろインドに ヴァルダナ朝

606

関連人物　**玄奘**…ナーランダー僧院で仏教を学ぶ。

内容 アレクサンドロス大王侵入後の混乱の中、**チャンドラグプタ**が**マウリヤ朝**を建国。インド最初の統一王朝で、都は**パータリプトラ**。

経過 第3代**アショーカ王**のときが最盛期で、仏教を保護し、各地に**碑文・石柱碑**を残し、**仏典の結集（けつじゅう）**を行った。

▲マウリヤ朝の領域

経過 前2世紀にバクトリアからギリシア人が西北インドに進出。1世紀に入ると、クシャーン人が**プルシャプラ**を都に**クシャーナ朝**を建国。

内容 2世紀半ばの**カニシカ王**のとき最盛期を迎えた。この時代に**大乗（だいじょう）仏教**が成立し、**ガンダーラ**地方を中心に仏教美術が栄えた。

🔍 **もっとくわしく**

我が身の救済を求める旧来の仏教（**上座部（じょうざぶ）仏教**）に対し、あらゆる人々の救済をめざした新しい仏教が**大乗仏教**である。広く受け入れられ、中国・朝鮮・日本へも伝わった。

経過 320年ごろ、**チャンドラグプタ1世**が建国。

内容 **ヒンドゥー教・サンスクリット文学・『マヌ法典』**などインド文化が栄えた。仏教美術では、純インド的な**グプタ様式**が流行した。**ナーランダー僧院**では仏教研究が行われ、中国などからも僧が訪れた。

🔍 **もっとくわしく**

サンスクリット語で書かれた二大叙事詩は、『マハーバーラタ』と『ラーマーヤナ』である。数学では、十進法や**0（ゼロ）**の概念が生み出された。

経過 グプタ朝が衰退し、6世紀半ばに滅亡したあと、**ハルシャ王**が**ヴァルダナ朝**を建国して、北インドの大部分を支配した。

結果 ハルシャ王の死後衰退し、以後北インドには強力な統一国家が現れない状態が続き、13世紀に入ってイスラーム勢力の時代となった。

❗ **関連事項**

ヒンドゥー教とともに仏教も保護されたこの時代に、中国の唐から**玄奘（げんじょう）**や**義浄（ぎじょう）**が**ナーランダー僧院**を訪れた。玄奘は『**大唐西域記（だいとうさいいきき）**』を、義浄は『**南海寄帰内法伝（なんかいききないほうでん）**』を著した。

49 前5000年紀* 仰韶文化が始まる

仰韶の 彩陶前後の 文様だ
前5　彩文土器

*前5000年紀とは、前5000年〜前4001年の1000年間をさす。

関連年代〈 前6000年…長江流域で稲の栽培が始まる。

50 前3000年紀 竜山文化が始まる

コチラは
ニセの三足

竜山の 黒陶 形は 三足など
前3000

関連年代〈 前2000年以降…成都近辺で三星堆文化が繁栄。

51 ★前16世紀ごろ 殷王朝の成立

殷墟から いろいろ世紀の 大発見
前16世紀

関連年代〈 19世紀末…甲骨文字の発見。

52 前11世紀ごろ 周王朝の成立

周ができ いい世の曙光 国を建て
前11世紀　　諸侯*

*曙光＝夜明けにさす太陽の光

関連年代〈 前11世紀〜前770年…都を鎬京に置いた時代を西周と呼ぶ。

背景 前6000年ごろには黄河流域でアワなど雑穀の栽培が始まる。

内容 仰韶文化は、黄河中流域河南省の**仰韶遺跡**に由来し、**彩文土器**が特徴の**新石器文化**。彩陶文化ともいう。家畜を飼い、竪穴住居に住んだ。

▲黄河流域の省と古代中国の主な都市

内容 竜山文化は、黄河下流域山東省の**竜山遺跡**に因む新石器文化で、黒陶や灰陶の**三足土器**が出土した。**黒陶文化**ともいう。

結果 集落のまわりを土壁で囲んだ城郭が築かれ、やがて複数の集落を統合する首長も出現した。

！ 関連事項

日本の縄文時代・弥生時代の名と同じように、**彩陶・黒陶**の両文化の名は土器の形状、**仰韶・竜山**の名は発見地に因む。長江中下流域にも新石器文化が存在した。

内容 殷は、伝説上最古の夏王朝を倒して成立したとされる。現在確認できる最古の王朝。殷王は大小多数の**邑**（城郭都市）を従えた。

結果 **河南省**の**安陽**で殷墟が発掘され、王墓や宮殿の跡から**青銅の祭器**が出土した。占いの結果を記した**甲骨文字**は**漢字**の原型とされる。

！ 関連事項

殷王は祖先を祭り、**亀甲・獣骨**でその意をうかがい、それを神意として祭政一致の神権政治を行った。「政」を"まつりごと"というのは、これに由来する。

経過 陝西省の**渭水流域**におこった周は、殷を滅ぼして（殷周革命）、はじめ鎬京に都を置いた。

内容 周王は**封建制**を始め、一族や功臣に**封土**や人民を与え、世襲の**諸侯**として国を建てさせた。王や諸侯には、**卿・大夫・士**などの家臣がいた。

！ 関連事項

天命を受けたものが支配者となり、天命が革まると王朝が交替することを**易姓革命**という。孟子などが唱えた王朝交替の理論である。

53 ★前770年　周の洛邑遷都、春秋時代が始まる

周追われ　七難を避け　覇者が出る
前770

関連人物　孔子…春秋時代末期に出た儒家の祖。

54 前403年　戦国時代が始まる

春秋の　世を見た七雄　戦国へ
前403

関連人物　荘子…老子の思想を継承した戦国時代の道家。

55 ★前221年　秦の中国統一

秦王は　無事一安心と　始皇帝
前221

関連年代　前213年…焚書・坑儒による思想統制。

56 ★前202年　前漢の建国

劉邦が　触れに回るよ　建国を
前202

関連年代　前206年…秦の滅亡。

内容 異民族に侵入された周は、前770年、都を鎬京（こうけい）から洛邑に移した。これ以降の周を**東周**という。時代の名は魯の国の歴史書『春秋』に由来。

結果 **春秋の五覇**といわれる、**斉の桓公（かんこう）、晋の文公（ぶんこう）**など有力諸侯が「**尊王攘夷**（そんのうじょうい）」を掲げ、**覇者**として天下に号令した。

🔍 **もっとくわしく**

春秋の五覇には、**斉**の**桓公**、**晋**の**文公**、**楚**の**荘王**などが挙げられるが、諸説がある。五覇は諸侯の会盟を指導した。

経過 前403年、晋を三分した**韓（かん）・魏（ぎ）・趙（ちょう）**が周王に諸侯と認められた。以後、**韓・魏・趙・斉・燕（えん）・楚（そ）・秦（しん）の戦国の七雄**が争った。

内容 この時期、**牛耕・鉄製の農具**や、刀銭などの**青銅の貨幣**（せいどう・かへい）が普及、邑の社会の解体が進んだ。また、孟子（もうし）らの儒家や荘子の道家など**諸子百家**（しょしひゃっか）が活躍。

▲戦国の七雄

内容 統一後、秦王の**政（せい）**は**始皇帝**と称し、**郡県制**（ぐんけん）を実施して**封建制**（ほうけん）を廃止し、度量衡（どりょうこう）や貨幣（かへい）・書体などを統一した。また、**焚書・坑儒**（ふんしょ・こうじゅ）による思想統制により、中央集権化を進めた。

結果 始皇帝の死後、**陳勝・呉広**（ちんしょう・ごこう）**の農民反乱**（前209～前208年）など各地で民衆反乱が起こった。

🔍 **もっとくわしく**

七雄の一国の秦は前4世紀、法家（ほうか）の**商鞅**（しょうおう）を採用して**変法**（へんぽう）による富国強兵策を行ってから、強大となった。

経過 陳勝・呉広の農民反乱を機に挙兵した劉邦が秦を滅ぼしたのち、楚の**項羽（こうう）**を破り、**長安（ちょうあん）**を都として**漢（前漢）**（かん・ぜんかん）を建てた。**高祖（こうそ）**は没後の廟号（びょうごう）。

結果 高祖は、秦の統一政策の失敗から、当初、封建制と郡県制を併用した**郡国制**（ぐんこく）を採用した。また、**匈奴（きょうど）**に敗れ、和親策をとった。

❗ **関連事項**

世襲の支配者に代々治めさせる**封建制**に対し、中央から役人を派遣して治めるのが**郡県制**である。長安周辺の直轄地では郡県制がとられた。

57 　前**154**年　呉楚七国の乱が起こる

7諸王 皆で行こうよ 呉楚の乱
　　　　　前1　　5　　4

関連人物　**景帝**…前漢6代皇帝で呉楚七国の乱を鎮圧。

58 　★前**141**年　前漢、武帝の即位

前漢の 一番良いとき 武帝立ち
　　　　　　前1　　　4　1

関連年代　**前108年**…武帝が衛氏朝鮮を滅ぼし、楽浪郡を置く。

59 　★前**139**年　武帝、張騫を西域に派遣

張騫は いい策携え 西域へ
　　　　　　前1　　39

関連年代　**前126年**…張騫帰国。その後、東西交易が活発化。

60 　**8**年　新の建国

王莽が 前漢やめさせ 新建てる
　　　　　　　　　　8

関連年代　**18年**…赤眉の乱が起こる。

経過 前漢は当初、**郡国制**を採用していたが、その後、諸王の権力削減をはかり、中央集権化を進めた。それに対して、呉・楚を中心とする7諸王が**呉楚七国の乱**を起こした。

結果 呉楚七国の乱以降、実質的な**郡県制**への移行が進展した。

もっとくわしく

景帝は諸王の勢力を抑えるために、領土削減を実施した。それに対し、呉・楚など南方の劉氏一族の七国が反乱を起こしたが、3カ月ほどで鎮圧された。

内容 武帝は、前漢第7代皇帝として即位、前漢の最盛期を築き、中央集権制を完成させた。

結果 官吏登用法として**郷挙里選**を採用した。積極的な対外遠征と土木事業により、領土は広がったものの財政難におちいったため、種々の経済政策を実施したが失敗した。

関連事項

武帝は、北方で**匈奴**を攻撃、東方では衛氏朝鮮を滅ぼして楽浪郡などを置き、南方では**南越**を滅ぼした。また、西域のオアシス諸都市にも支配を広げた。

内容 武帝は**匈奴**を挟み撃ちにしようとして、張騫を西方の**大月氏**に派遣した。

結果 各方面での戦争で漢は財政難におちいり、**塩・鉄の専売**や**均輸・平準**などの物価政策を実施した。董仲舒の提案により**儒学**が**官学**とされ、**五経博士**が置かれた。

もっとくわしく

五経とは『**書経**』・『**易経**』・『**詩経**』・『**春秋**』・『**礼記**』。儒学が官学となり、経典が整備された。それにともなって経典の解釈を重んずる**訓詁学**が発達した。

背景 武帝の死後は、側近の宦官や外戚の抗争が激しくなった。その中で、外戚の**王莽**が勢力をのばした。

内容 王莽が前漢を倒して新を建国し、周代にならった復古政策をとったが、**赤眉の乱**（18〜27年）などの反乱が起き、23年に滅びた。

もっとくわしく

宦官は、後宮に仕える去勢された男性のこと。漢代以降、皇帝側近として権力を握る場合がしばしばあり、政治的混乱をまねくこともあった。

61 **25**年　劉秀、漢（後漢）を建てる

後漢でき　劉秀にっこり　光武帝
　　　　　　　２　　　５

関連年代　57年…倭の奴国が光武帝に使者を送る。

62 ★**184**年　黄巾の乱が起こる

人々の　いやしは張角　太平道＊
　　　１８４

＊太平道＝宗教結社で、宗教的儀礼により病気を治すと説いた。

関連人物　曹操…後漢の皇帝から魏王に封ぜられた。

63 ★**220**年　三国時代が始まる

華北の魏　漢字つぶれて　誤植＊増え
　　　漢　　２２０　　　　　呉・蜀

＊誤植＝ミスプリントのこと。

関連人物　劉備…蜀の建国者。　孫権…呉の建国者。

64 **265**年　晋（西晋）の建国

司馬炎が　武力行使し　晋建国
　　　　　２　６　５

関連年代　316年…晋（西晋）の滅亡。

背景 8年、**外戚**の**王莽**が帝位を奪って前漢を滅ぼし、**新**を建てたが、混乱の中で**赤眉の乱**という農民反乱が起こった。

経過 25年、漢の一族の**劉秀**が**後漢**を建国し、**洛陽**を都とした。後漢は、**班超**に西域を統率させ、彼は部下の**甘英**を**大秦**（ローマ帝国）に派遣した。

もっとくわしく

中国の王朝が朝貢してきた周辺諸国の長に位や返礼品を与えて君臣関係を結び、できあがった秩序を**冊封体制**という。中国では19世紀の清代まで続いた。

背景 後漢の王朝内では、宦官や外戚と豪族が対立し、**党錮の禁**などの党派争いが繰り返された。また、没落した農民が増え、**張角**の**太平道**が人々に広まり、184年、**黄巾の乱**が起こった。

結果 乱は鎮圧されたが、豪族が各地に自立し、**曹操**などの群雄が割拠し、後漢は事実上解体した。

関連事項

曹操は、黄巾軍に参加し、投降した兵士を自らの軍に加え、**屯田**により土地を与え、強大となる。216年に魏王となった。

内容 曹操は後漢の実権を握り、220年、子の**曹丕**が後漢の皇帝から禅譲されて**魏**を建国。華北の**魏**、江南の**呉**、四川の**蜀**が天下を三分した。

結果 263年に蜀が魏に滅ぼされ、その後、**晋**が265年に魏を、280年に呉を滅ぼして中国を統一し、**三国時代**が終わった。

▲三国時代

内容 魏の将軍の**司馬炎**が禅譲により即位し、**晋（西晋）**を建国した。

経過 晋は、一族が争う**八王の乱**の混乱の中で、北方民族の**五胡**による侵入をうけ、316年、匈奴に滅ぼされた。晋の一族の**司馬睿**は江南に逃れ、**建康**（今の**南京**）に都を置いて**東晋**を建てた。

もっとくわしく

匈奴・鮮卑・羯・氐・羌を五胡という。五胡の国々による戦乱が続いて華北は国土が荒廃し、住民の移住があいついだ。五胡の国々では中国文化の移入が進んでいった。

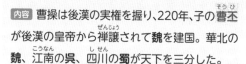

65 ★★ 439年　北魏、華北を統一する

この施策で行くぞ!!

ハッ

北魏出て　卓抜な施策で　華北統べ
拓跋氏　　　 4 39　　　　　　 統一する

関連人物　太武帝…華北を統一した北魏の第3代皇帝。

66 ★★ 589年　隋、中国を統一する

すいません…！まちがっておりました

用件

隋帝の　用件誤訳で　陳謝する
楊堅　　5 89　　陳を滅ぼす
（文帝）

関連人物　小野妹子…皇帝煬帝のときに日本から隋に渡る。

67 ★★ 618年　唐の建国

サヨナラ

とうが立つ　＊浪費屋煬帝　離縁さる
唐　　　　　 6 1 8　　　　　 李淵

＊とうが立つ＝盛りを過ぎること。

関連人物　高宗…唐の最大領土を実現した第3代皇帝。

68 ★ 676年　新羅の朝鮮半島統一
（しらぎ）

フフーン♪

新羅

統一しちゃった！

新羅さん　ろくな労せず　半島統一
（しらぎ）　 6 7 6

関連年代　663年…白村江の戦い。

内容 439年、鮮卑族の拓跋氏の建てた**北魏**が華北を統一し、**五胡十六国**の乱世が終わる。

結果 **孝文帝**は均田制で農民に土地を与えて税役の確保に努め、さらに**漢化政策**を進めて、胡語や胡俗を禁止し、平城から**洛陽**に遷都した。その後、北魏は東魏と西魏に分裂した。

> ！ **関連事項**
>
> 華北の北魏・東魏・西魏・北斉・北周を**北朝**といい、江南の諸王朝を**南朝**という。また、三国の呉と東晋・宋・斉・梁・陳を**六朝**という。

経過 北朝の北周から出た**楊堅**が**隋**を建てて南朝の陳を滅ぼし、589年、中国を統一した。

結果 律令や均田制・租・調・庸などの税制が整備され、**九品中正**に代わる**科挙**による官吏登用が始まった。皇帝煬帝のとき、江南と華北を結ぶ**大運河**が完成した。

> ！ **関連事項**
>
> 大運河は、南北朝時代に開発の進んだ長江下流の**江南**地方から北方に物資を運ぶために開かれた。この大土木事業や遠征により、農民は困窮した。

経過 **煬帝**による三度の高句麗遠征が失敗し、各地に反乱が起こり、618年、隋が滅亡した。**李淵（高祖）**は**唐**を建国して長安に都を置いた。

結果 第2代太宗（李世民）の治世を**貞観の治**といい、律令体制が整った。中央に**三省・六部・御史台**を設け、地方には州県制をしいた。

> 🔍 **もっとくわしく**
>
> 刑法の**律**、行政法の**令**による律令体制は、**均田制**、租・調・庸の税制、**府兵制**が、その支柱だった。征服地には**都護府**が置かれた。

経過 4世紀ごろの朝鮮半島北部には**高句麗**、南部には**新羅**と**百済**が成立していた。7世紀後半に新羅が唐と結んで高句麗・百済を滅ぼしたのち、676年に唐を退けて朝鮮半島を統一した。

結果 統一後は、唐の制度を取り入れた。935年に**高麗**によって滅ぼされた。

> 🔍 **もっとくわしく**
>
> 新羅の社会基盤となったのは、**骨品制**といわれる特権的身分制度であった。また、新羅では仏教が保護され、都の金城（慶州）を中心に仏教文化が栄えた。

69 ★★ 755年 安史の乱が起こる

幻想の 名ここに窮まる 安史の乱
玄宗　　7　5　5

関連人物〉 楊貴妃…「貴妃」とは皇后に次ぐ最高位の妃。

70 ★ 780年 両税法の施行

両税法 その名は大きく なるばかり
7　8　0

関連年代〉 16世紀末…明で一条鞭法が実施される。

71 875年 黄巣の乱が起こる

黄巣は 圧政やなこと 乱起こす
8　7　5

関連年代〉 894年…日本からの遣唐使が停止される。

72 ★ 907年 唐滅亡、五代十国時代が始まる

唐の国 救援無くて 滅亡し
9　0　7

関連年代〉 936年…後晋がキタイ(契丹)に燕雲十六州を割譲。

背景 則天武后の死後の混乱を収めた皇帝**玄宗**だが、晩年は**楊貴妃**への寵愛などで政治が乱れ、755年、**節度使**の**安禄山**が反乱を起こした。

結果 乱は、その後、史思明が首領となって続いたが、763年、**ウイグル**の援助を得て鎮圧された。以後、律令体制はくずれていった。

もっとくわしく

租・調・庸・府兵制は、8世紀前半には農民の逃亡が増加して実施が困難になった。以後、辺境の防衛には**募兵**の指揮官である**節度使**が置かれた。

背景 安史の乱後の唐では、均田制、租・調・庸が崩壊し、節度使が自立化、また領土の縮小により収入が激減したため、財政再建が必要であった。

結果 780年、夏と秋の2回徴税する**両税法**が租・調・庸に代わって始まった。以後、明代後半にかけて行われた。

もっとくわしく

両税法は、実際に所有している土地に応じて夏と秋の2回徴税する制度。明代には、銀で納める**一条鞭法**、清代には**地丁銀制**が実施された。

背景 唐末には塩の専売も国の重要な財源であり、塩の密売は厳しく取り締まられた。

結果 875年、塩の密売人の**黄巣**が乱を起こし、全国に広がった。乱は884年に鎮圧されたが、乱後、唐の支配は実質的に終わり、節度使が自立する**武人の世**となった。

もっとくわしく

節度使は、安史の乱のあとは国内にも置かれ、王朝の統制力が弱まる中、各地に割拠する私的な軍事集団の**藩鎮**となった。

内容 907年、節度使の**朱全忠**が唐を滅ぼして、**後梁**を建てた。以後、後梁・後唐・後晋・後漢・後周の**五代**の王朝と10あまりの地方政権とが興亡したこの時代を**五代十国時代**という。

結果 武人による支配が続いて貴族は没落し、かわって**新興地主層**が成長した。

もっとくわしく

唐末〜五代の時期は、貴族中心の社会が地主勢力の社会へ移行していく時代だった。新興地主層は、土地を小作人(**佃戸**)に貸して小作料をとった。

☑①前3000年ごろには文明が発達し、ウルやウルクなどの都市国家をつくった人々は？	① シュメール人
☑②前18世紀ごろハンムラビ法典を制定した王朝は何か？	② バビロン第1王朝
☑③前586年に、バビロン捕囚を行った国はどこか？	③ 新バビロニア
☑④前550年にイラン人（ペルシア人）が建国したアケメネス朝全盛期の第3代の王は誰か？	④ ダレイオス1世
☑⑤前508年にアテネで政権を握り、陶片追放を始めた人物は誰か？	⑤ クレイステネス
☑⑥前480年、アテネがペルシア艦隊を破った戦いは？	⑥ サラミスの海戦
☑⑦前450年ごろ制定されたローマ最古の成文法は？	⑦ 十二表法
☑⑧ペロポネソス戦争が始まったのは西暦何年か？	⑧ 前431年
☑⑨前264年に始まる、ローマとカルタゴの戦争は？	⑨ ポエニ戦争
☑⑩前27年にオクタウィアヌスが帝政を開始した際、元老院から与えられた尊称を何というか？	⑩ アウグストゥス（尊厳者）
☑⑪ディオクレティアヌス帝の即位後に始まったローマ帝政末期の専制君主政を何というか？	⑪ ドミナトゥス
☑⑫313年にローマ帝国がキリスト教を公認した勅令は？	⑫ ミラノ勅令
☑⑬ローマ帝国の東西分裂が起こったのは西暦何年か？	⑬ 395年
☑⑭前317年ごろに成立し、アショーカ王のとき最盛期を迎えた王朝は何か？	⑭ マウリヤ朝
☑⑮2世紀半ばのクシャーナ朝最盛期の王は誰か？	⑮ カニシカ王
☑⑯320年ごろに建てられ、『マヌ法典』などをつくった王朝は何か？	⑯ グプタ朝
☑⑰秦が、中国を最初に統一したのは西暦何年か？	⑰ 前221年
☑⑱前139年に張騫を西域に派遣した漢（前漢）の皇帝は？	⑱ 武帝
☑⑲184年に起こり、漢（後漢）の滅亡につながった乱は？	⑲ 黄巾の乱
☑⑳鮮卑が建国し、439年に華北を統一した国は？	⑳ 北魏
☑㉑隋が中国を統一したのは西暦何年か？	㉑ 589年
☑㉒唐王朝滅亡の要因となった875年の乱は何か？	㉒ 黄巣の乱

Chapter

02

諸地域の交流・再編

第1回十字軍遠征
1096年 ▶p.066

コロンブスが西インド諸島に
1492年 ▶p.074

聖地イェルサレムをセルジューク朝から奪い返すためクレルモン宗教会議の翌年

スペイン女王の援助を受けインド航路開拓に出航したコロンブス

ザ ザ ザ

第1回十字軍が派遣された

遠く向(1096)かうはイェルサレム！

チャキ

見ろ

予想地点と位置よく似(1492)ているあれこそインドだ！

隊長もう何日も歩きっぱなしでクタクタです…

はぁ はぁ

よし ここで休憩

あの島が本当にインドの島かどうか…

でも船長 あれは未知の大陸の島かもしれませんよ？

このまま聖地へ向かいます…

超ハード 足ツボマッサージ

矢神香織出 派痛に耐えられるか？

ギャーッ

信じるか信じないかはあなた次第です!!

都市伝説かよっ！

「権利の章典」制定

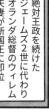

絶対王政を続けた
ジェームズ2世に代わり
オランダ総督のウィレム
夫妻が新国王に即位

議会の権限が
国王の権力に優越する
「権利の章典」が制定

Bill of Rights

あなたこの章典って
いろいろ役(1689)
立つからとても便利なのよ

ほほう　何に使うのだ？

まぁ…
何ということ
でしょう…
私たちのお城の
模型が
できちゃうの！

劇的っ！
まさに
匠の技っ!!

明の建国

元代の末期
白蓮教徒を中心とする
紅巾の乱が起こり…

ワー…ッ

さあ
元を倒すぞー！

お——っ

人々を率いて
勇むは(1368)朱元璋

朱元璋

明の建国後は
その勢いは別方向へ…

皇帝たる朕に従え！

ギャーッ

70歳近くで亡くなるまでに
有能な家臣はほぼ皆殺しに…

本当にあった怖ーい話

73 ★ 622年 ヒジュラ(聖遷)

ヒジュラとは ムハンがメディナで 浪人に
　　　　　　ムハンマド　　　　　　　　　6 2 2

関連年代 630年…ムハンマドがメッカ征服。

74 632年 正統カリフ時代が始まる

バクルさん 労身に感じる カリフ職
　　　　　　6 3 2

関連年代 642年…ニハーヴァンドの戦いでササン朝を破る。

75 ★ 661年 ウマイヤ朝の成立

ウマイヤ朝 カリフ無理言い 世襲制
　　　　　　　　6 6 1

関連年代 711年…ウマイヤ朝、西ゴート王国を滅ぼす。

76 ★ 750年 アッバース朝の成立

アッバース朝 難航丸めて 国づくり
　　　　　　　7 5 0

関連年代 1258年…アッバース朝滅亡。

背景 610年ごろ、アラビア半島のメッカで、**ムハンマド**は唯一神アッラーの啓示を受け、イスラーム教を始めた。

内容 ムハンマドは迫害され、622年に**メディナ**に逃れ、ムスリムの共同体（**ウンマ**）を建設した。イスラーム暦はこの**ヒジュラ**から始まる。

!　**関連事項**

聖典『**コーラン（クルアーン）**』は、アッラーの啓示をまとめたもので、アラビア語で書かれている。**イスラーム暦**（ヒジュラ暦）は1年354日の太陰暦である。

内容 ムハンマドの死後、選挙制により、後継者であるカリフが選出された。初代**アブー＝バクル**以降、アリーまでの4代を**正統カリフ**という。

結果 聖戦（**ジハード**）を展開し、**ビザンツ帝国**からシリア・エジプトを奪い、**ササン朝**を撃破した。アリーの暗殺により正統カリフ時代は終わった。

🔍　**もっとくわしく**

イスラーム教徒（**ムスリム**）はこの時代にアラビア半島の支配を確立し、**ニハーヴァンドの戦い**でササン朝を事実上崩壊させた。征服地には**ミスル**という軍営都市を建設した。

経過 第4代カリフの**アリー**が暗殺され、ウマイヤ家の**ムアーウィヤ**以降、**カリフが世襲**される。ムアーウィヤは都を**ダマスクス**として**ウマイヤ朝**を開いた。

結果 ウマイヤ朝は東方・西方へ進出し、711年、イベリア半島の西ゴート王国を滅ぼした。

🔍　**もっとくわしく**

これ以降、アリーとその子孫のみを正統とする**シーア派**と、代々のカリフを認める多数派の**スンナ派**が生まれた。現在、シーア派はイスラーム教徒の約1割を占める。

経過 アブー＝アルアッバースが**ウマイヤ朝**を倒して**アッバース朝**を開いた。都は**バグダード**。非アラブ人改宗者の人頭税を免除したイスラーム帝国で、**ハールーン＝アッラシード**のとき、全盛期を迎えた。

内容 アラブ人の特権を解消して、アラブ人にも地租を課し、ムスリム間の平等をはかった。

!　**関連事項**

征服した異教徒に課した税を**ジズヤ（人頭税）**、農耕民に課した税を**ハラージュ（地租）**という。ウマイヤ朝では、征服地の異教徒すべてに課せられた。

| 77 | ★**751**年 | タラス河畔の戦い |

涙垂らす そんな行為に 紙与え
タラス河畔　　　　　　7 5 1　　　　　かみあた

関連人物　マンスール…アッバース朝の第2代カリフ。

| 78 | **756**年 | 後ウマイヤ朝の成立 |

スペインで 心がなごむ 後ウマイヤ
こころ　　　7 5 6

関連人物　アブド=アッラフマーン3世…最盛期の君主。

| 79 | **909**年 | ファーティマ朝建国、カリフ分立 |

ファーティマ朝 苦多くして 建国し
ちょう　くおお　9 0 9　けんこく

関連年代　1171年…アイユーブ朝によりファーティマ朝滅亡。

| 80 | **932**年 | ブワイフ朝の成立 |

ブワイフ朝 巧みにイランに 成立し
ちょう　たく　9 3 2　せいりつ

関連年代　946年…ブワイフ朝がバグダードに入城。

経過 アッバース朝は751年の **タラス河畔の戦**
いで唐軍を撃破し、唐の捕虜が **製紙法**をイス
ラーム世界に伝えた。

結果 これ以降、イスラーム教が中央アジアに
広がり、とくに9世紀の **サーマーン朝**の建国後、
トルコ人の改宗が進んだ。

▲アッバース朝

経過 750年、ウマイヤ朝が倒れたあと、その
一族がイベリア半島に逃れて **後ウマイヤ朝**を建
国し、イスラーム帝国初の政治的分裂となった。

結果 アッバース朝に対抗して、**カリフ**の称号
を用いた。都が置かれた **コルドバ**は、西方イス
ラームの政治・経済・文化の中心として栄えた。

🔍 **もっとくわしく**

後ウマイヤ朝の第8代君主
アブド＝アッラフマーン3
世のとき、アミール(総督)
にかわってカリフを称した。
11世紀に入ると内紛で衰
退し、小王朝が分立したこ
とにより滅亡した。

内容 ファーティマ朝は、909年、**チュ**
ニジアに建国したシーア派の王朝である。
アッバース朝に対抗してカリフを称した
ため、3人のカリフが分立した。

結果 エジプト・シリアを支配し、都 **カイ**
ロを建設した。

▲10世紀のイスラーム世界

背景 10世紀に入ると、アッバース朝は対外戦
争の戦費増大、地方政権の自立で危機的な状態
におちいっていた。

内容 932年にイラン系シーア派が **ブワイフ朝**
を建国し、946年に **バグダード**に入り、**大アミ**
ールの称号を得た。

🔍 **もっとくわしく**

大アミールとは、全イスラ
ームの軍事指揮権・統治権
を与えられた者の称号。ブ
ワイフ朝はこの称号をカリ
フから授与され、**イクター**
制という統治制度を開始し
た。

81 ★★ **1055**年 セルジューク朝、スルタンを称する

ジューク 聞き 異例の午後に するダンス

セルジューク朝 *ジューク=ジュークボックス

1　　0　　5　5　　スルタン

関連人物　トゥグリル=ベク…セルジューク朝の建国者。

82 ★★ **1169**年 サラディンがアイユーブ朝を建国

サラディンに 人々報い 建つ王朝

1　1　69

関連年代　1250年…マムルーク朝に倒される。

83 ★ **1187**年 サラディンのイェルサレム奪回

サラディンは いい奴並べと 言えるのさ

1　1　8　7　　イェルサレム

関連年代　1189年…第3回十字軍の開始。

84 ★ **1206**年 奴隷王朝の成立

奴隷でも 自由にお迎え イスラーム教

1　2　0　6

関連人物　アイバク…奴隷王朝の創始者。

経過 中央アジアにおこったスンナ派の**セルジ
ューク朝**が西進し、**バグダードに入城**してブワ
イフ朝を倒した。

結果 アッバース朝カリフは、セルジューク朝
の首長に**スルタン**の称号を与えた。その後、セ
ルジューク朝は西進して**小アジア**を占領した。

!｜ 関連事項

カリフは宗教・政治の指導
者だが、**スルタン**は、世俗
＝政治のみの支配者。トゥ
グリル＝ベク以降、スンナ
派王朝で使われた。

内容 クルド系の**サラディン**が、スンナ派の**ア
イユーブ朝**を建国した。首都は**カイロ**。

結果 エジプト・シリアを支配し、**イェルサレ
ム**を回復し、その後、第3回十字軍と戦った。
サラディンの死後衰退し、1250年に**マムルー
ク朝**に倒された。

🔍 もっとくわしく

アッバース朝以後、購入し
た奴隷・軍人奴隷で**マムル
ーク軍団**を組織するのが一
般化していた。やがて、マ
ムルークの勢力が強大とな
り、**マムルーク朝**が誕生す
る。

背景 **第1回十字軍**が聖地奪回に成功し、**イェ
ルサレム王国**を建設していた。

内容 1187年に**サラディン**が反撃して、イェル
サレムを奪回した。

結果 ドイツ皇帝やイギリス王が**第3回十字軍
遠征**を行うが、**サラディン**と講和した。

🔍 もっとくわしく

サラディンはヨーロッパ側
の呼び名。イスラーム側で
は、サラーフ＝アッディー
ンという。彼の死後、領土
は一族に分割された。

経過 10世紀末から、トルコ系の**ガズナ朝**とイ
ラン系の**ゴール朝**のイスラーム勢力が北イン
ドへ侵入した。

結果 ゴール朝の将軍**アイバク**が奴隷王朝を創
始した。奴隷王朝と以後デリーを都とした王朝
をまとめて**デリー＝スルタン朝**という。

🔍 もっとくわしく

デリー＝スルタン朝は奴隷
王朝・**ハルジー朝**・トゥグ
ルク朝・サイイド朝・ロデ
ィー朝と続き、その間に**イ
ンド＝イスラーム文化**が誕
生した。

85 ★ ★ **1250** 年 　エジプトにマムルーク朝が成立

マムルーク 自由にこれから エジプトで
　　　　　　 1　2　5　0

関連人物　バイバルス…マムルーク朝最盛期のスルタン。

 86 ★ ★ **1258** 年 　アッバース朝の滅亡

アッバース いつかご破算 カリフ絶え
　　　　　　 1　2　　5　8

関連人物　ガザン=ハン…イスラーム教を国教とした。

 87 ★ ★ **1299** 年 　オスマン帝国の成立

オスマン1世 ひとつここぞと 国建てる
　　　　　　　 1　2　9　9

関連人物　スレイマン1世…オスマン帝国最盛期のスルタン。

 88 ★ **1370** 年 　ティムール朝の成立

建国で いざ名を広めた ティムールさん
　　　　 1　3　7　0

関連人物　ウルグ=ベク…天文台を建築した第4代君主。

経過 **マムルーク朝**は、アイユーブ朝に代わって誕生した。侵入してきた**モンゴル軍を撃退**し、アッバース朝のカリフをカイロに復活させた。

結果 14世紀、**カイロ**がバグダードに代わってイスラーム世界の中心になるが、16世紀には**オスマン帝国**に支配される。

! **関連事項**

アイユーブ朝やマムルーク朝に保護された、**カーリミー商人**といわれるムスリム商人たちが、地中海とインド洋を結ぶ**香辛料貿易**を独占した。

内容 1258年、モンゴルの **フレグ** が軍隊を率いてバグダードを占領し、アッバース朝は滅亡、**カリフが断絶**する。

結果 フレグがイランに建てた**イル=ハン国（フレグ=ウルス）**は、やがてイスラーム化し、**イラン=イスラーム文化**が花開いた。

🔍 **もっとくわしく**

イル=ハン国の**ガザン=ハン**は、イスラーム教を国教とし、イクター制を採用した。またイスラーム文化を保護し、イラン=イスラーム文化が成熟した。

経過 オスマン1世が、アナトリア半島（小アジア）に建国した。1366年にバルカン半島の**アドリアノープル（エディルネに改称）**に遷都。

結果 **アンカラの戦いでティムール朝に敗れ**、一時衰退したが、その後ビザンツ帝国を滅ぼし、**スレイマン1世**のときに最盛期を迎えた。

🔍 **もっとくわしく**

バヤジット1世はニコポリスの戦いで勝利するが、アンカラの戦いに敗北。メフメト2世が1453年にビザンツ帝国を滅ぼす。セリム1世はマムルーク朝を滅ぼした。

背景 14世紀にチャガタイ=ハン国が東西に分裂、西チャガタイ=ハン国から**ティムール**が台頭し、**サマルカンド**を都として**ティムール朝**を建国した。

結果 ティムールは、キプチャク=ハン国や北インドに侵入し、**アンカラの戦いでオスマン帝国を破る**などした。1507年にウズベクに滅ぼされる。

! **関連事項**

イラン=イスラーム文化が中央アジアに伝来し、**トルコ=イスラーム文化**とまじわり、発展した。サマルカンドを中心に、文学・天文学・細密画（ミニアチュール）などが発達した。

89 ★ **1402**年　アンカラ（アンゴラ）の戦い

 安価でも　ひ弱に見えぬ　ティールーム
アンカラ　　1 40 2　　　　　　ティムール

> 関連年代　1370〜1507年…ティムール朝。

90 ★★ **1453**年　オスマン帝国がビザンツ帝国を滅ぼす

 ビザンツの　人よ降参　オスマンに
　　　　　　　1 4 5 3

> 関連年代　1517年…セリム1世がマムルーク朝を滅ぼす。

91 ★ **1492**年　グラナダ陥落

 グラナダは　一夜で国が　十字架に
　　　　　　1 4　　92　　キリスト教

> 関連年代　1479年…スペイン王国の成立。

92 **1501**年　サファヴィー朝の成立

イランでは　以後王位継ぐ　サファヴィー朝
　　　　　　1 5 0 1

> 関連人物　アッバース1世…サファヴィー朝全盛期の王。

内容 14世紀後半に誕生し、中央アジアから勢力を広げたティムール朝が、**アンカラの戦い**でオスマン帝国に勝利した。

結果 オスマン帝国は、**バヤジット1世**が捕虜（ほりょ）となったのち病死し、その後、空位時代（くうい）が続いた。ティムールは、明（みん）への遠征途上で病死した。

!｜ **関連事項**

ティムール朝は、ティムールの死後、第3代君主シャー=ルフの代に最盛期となり、第4代君主ウルグ=ベクの暗殺以後衰退した。

経過 1453年、**メフメト2世**が**コンスタンティノープル**を占領し、ビザンツ帝国は滅亡した。以後、**イスタンブル**と名を改めて都とした。

結果 オスマン帝国はその後、バルカン半島のセルビア・ブルガリアなどを征服し、**スレイマン1世**の代に最盛期となった。

▲イスタンブルにあるハギア=ソフィア聖堂

背景 イベリア半島では、**後ウマイヤ朝**の都、**コルドバ**などで高度なイスラーム文化が栄えていたが、キリスト教徒の**レコンキスタ**（国土回復運動）が進んでいた。

結果 1492年、イベリア半島におけるイスラーム勢力最後の拠点グラナダが陥落した。

🔍 **もっとくわしく**

ナスル朝（イベリア半島最後のイスラーム王朝）の首都グラナダは、スペイン王国により陥落した。なお、ナスル朝がグラナダに建設した**アルハンブラ宮殿**は、スペイン=イスラーム建築の傑作。

経過 イスラーム神秘主義を奉じる神秘主義教団の指導者**イスマーイール1世**が、**タブリーズ**を都としてイランに**サファヴィー朝**を建国した。

内容 シーア派を国教とし、王の称号として**シャー**を用いた。最盛期の**アッバース1世**のとき、**イスファハーン**に遷都（せんと）した。

🔍 **もっとくわしく**

サファヴィー朝はシーア派の穏健派である**十二イマーム派**を国教とした。1597年に移された新都イスファハーンは「世界の半分」といわれるほど繁栄した。

93 ★375年　ゲルマン人の大移動始まる

ゲルマンは 皆ご一緒に 大移動
　　　　　　　 37　 5

関連人物　アッティラ…5世紀前半に大帝国を建てたフン人。

94 ★476年　西ローマ帝国の滅亡

西ローマ 至難の労苦で 逃げるのよ
　　　　　　　 4　7　6　　　　　ゲルマン人に滅ぼされる

関連年代　493年…東ゴート王国の建国。

95 ★496年　フランク王クローヴィスの改宗

クローヴィス 仕組む改宗 あだ*もなし
　　　　　　　　 4　9　6　　　　アタナシウス派

＊あだ＝むだ

関連年代　481年…クローヴィスによるフランク王国の建国。

96 ★527年　ユスティニアヌス大帝の即位

国まとめる コツなら知ってる 大帝さん
　　　　　　　 5　 2　7

関連年代　534年…『ローマ法大全』の完成。

経過 375年、西進した**フン人**に圧迫されたゲルマン民族の**西ゴート人**が移動を始め、翌年**ドナウ川**を渡ってローマ帝国領内に移住した。

結果 これに続き、**フランク人・アングロ＝サクソン人**など他のゲルマン人諸部族も侵入し、ローマ帝国は395年に東西に分裂した。

🔍 **もっとくわしく**

ヴァンダル人は北アフリカ、**ブルグンド人**はガリア南東部、**フランク人**はガリア北部に建国した。568年の**ランゴバルド王国**の建国で、大移動はひとまず終息した。

内容 476年、西ローマ帝国は、ゲルマン人傭兵隊長の**オドアケル**によって滅ぼされた。

経過 その後、イタリア半島には東ゴート王国が建国され、**ビザンツ（東ローマ）帝国**では、6世紀に**ユスティニアヌス大帝**が地中海帝国を復活させたが、彼の死後、次第に勢力を失っていった。

⚠️ **関連事項**

フン人は**アッティラ**のもとで強大となったが、451年**カタラウヌムの戦い**で西ローマとゲルマンの連合軍に敗れ、やがて崩壊した。

背景 ローマ教会は教皇**グレゴリウス1世**のころから、ゲルマン人への布教を進める一方、ビザンツ皇帝に対抗するための勢力を求めていた。

内容 **メロヴィング家**の**クローヴィス**は、フランク族を統一し、ガリアに侵入して**フランク王国**を建て、496年、**アタナシウス派**に改宗した。

🔍 **もっとくわしく**

ゲルマン人の多くは、ローマ帝国で異端とされた**アリウス派**を信奉していた。フランク王のアタナシウス派への改宗は、王国発展の一要因となった。

内容 527年、ビザンツ皇帝として、ユスティニアヌス大帝が即位し、地中海帝国の復活をめざした。

結果 534年に**ヴァンダル王国**、555年に**東ゴート王国**を滅ぼすなど地中海周辺支配の回復に成功した。また、『**ローマ法大全**』の編纂、**ハギア＝ソフィア聖堂**の建立などに力をそそいだ。

⚠️ **関連事項**

ビザンツ文化は、**ギリシア正教**とギリシア古典文化が融合した独自の文化で、周辺の諸民族に大きな影響を及ぼした。**ビザンツ様式**といわれる独自の建築様式が生まれた。

97　★726年　聖像禁止令の発布

レオン3世 なじむ聖像 禁止する
（さんせい）（せいぞう きんし）
7　2　6

> 関連年代　1054年…キリスト教会の東西分裂。

98　★★732年　トゥール・ポワティエ間の戦い

マルテルは 波に乗ったよ ポワティエで
（なみ）（の）
73　2

> 関連人物　ピピン…カール=マルテルの子でカロリング朝を創始。

99　756年　ピピンの寄進
（きしん）

教皇に ラヴェンナごろっと ピピン寄進
（きょうこう）　　　　　　　　　　　　　　（きしん）
7　5　6

> 関連年代　987年…カロリング朝断絶。

100　★★800年　カールの戴冠
（たいかん）

カールさん 晴れて王から 皇帝へ
（は）（おう）（こうてい）
8　0　0

> 関連年代　962年…オットー1世、ローマ皇帝の帝冠を授かる。
（ていかん）

背景 **偶像崇拝**（ぐうぞうすうはい）を禁止するキリスト教初期の教理の徹底や、偶像崇拝を否定するイスラーム教徒と対抗する必要性にせまられていた。

結果 ビザンツ皇帝の**レオン3世**が聖像禁止令を出したことで、**ローマ教会**（西）と**コンスタンティノープル教会**（東）の対立が決定的となった。

🔍 **もっとくわしく**

聖像崇拝論争はその後も続き、1054年に東西両教会は完全に分裂、東方ではギリシア正教会が成立した。聖像禁止令は、843年に廃止された。

背景 **ウマイヤ朝**の軍勢がイベリア半島に上陸して**西ゴート王国**を滅ぼし、さらにガリアへ侵入しようとした。

結果 フランク王国の宮宰**カール=マルテル**は、**トゥール・ポワティエ間の戦い**でウマイヤ朝の軍勢を破り、キリスト教世界を防衛した。

❗ **関連事項**

西ゴート人は、375年に南下を開始し、翌年ドナウ川を渡ったあと、ローマを経て、スペインに国を建てていた。

背景 カール=マルテルの子**ピピン**は、メロヴィング朝を廃し、**カロリング朝**を開いた。

結果 ローマ教会から王位を承認されたピピンは、ランゴバルド王国を攻め、**ラヴェンナ地方**を奪って**教皇に寄進**、これが**教皇領**の始まりとなった。

❗ **関連事項**

ランゴバルド人は、イタリアに王国を建国し、アリウス派キリスト教を信奉（しんぽう）していた。774年、フランク王国のカール大帝に滅ぼされた。

内容 フランク国王**カール大帝**により西ヨーロッパの大半が統一されたのち、カール大帝はローマ教皇**レオ3世**から**ローマ皇帝の帝冠**を授けられた。

結果 この**カールの戴冠**は、**ゲルマン人**、**ローマ教会**、**ローマ皇帝権**の3者が結びついた点で、西ヨーロッパ世界の形成を象徴するものとなった。

🔍 **もっとくわしく**

ローマ教会は、**聖像を禁止したビザンツ帝国**と布教方法をめぐって対立し、強力な政治勢力の援助を求めていた。

101 ★ **843** 年 ヴェルダン条約

ヴェルダンで 早よ三国に 分かれてね
（は）（さんごく） 8 4 3 （わ）

関連年代 870年…メルセン条約。

102 ★ **862** 年 ノヴゴロド国（ロシア）の建国

ロシアでは 海賊野郎に 堪えしのぶ
（かいぞくやろう） 8 6 2 （た）ノヴゴロド

関連年代 8世紀後半…ヴァイキングが活動を開始。

103 **911** 年 ノルマンディー公国の成立

ノルマンディー 悔い一つなく ロロが建て
ノルマンディー公国 （く）（ひと）9 1 1 （た）

関連年代 1130年…両シチリア王国の成立。

104 ★★ **962** 年 神聖ローマ帝国の成立

オットーは 苦労人だよ ローマ建て
（くろうにん）9 6 2 神聖ローマ帝国（た）

関連年代 1648年…ウェストファリア条約で事実上の解体。

内容 843年の**ヴェルダン条約**で、カールの3人の孫がフランク王国を東・西フランクと中部フランク及びイタリアの3つに分割相続した。
結果 870年の**メルセン条約**で、中部フランクを分割・併合し、現在のドイツ・フランス・イタリア3国の原型ができた。

⚠️ **関連事項**

東フランク王国は、諸侯の勢力が強く、カロリング家断絶後は諸侯の選挙で王を選んだ。**西フランク王国**は、王権が弱く、多くの諸侯が分立していた。

経過 862年、ノルマン人の一派（**ルーシ**）の首領**リューリク**が**ノヴゴロド国**を建てた。ロシア建国の始まりとされる。
結果 その後、彼らはさらにドニエプル川を下って、882年ごろ**キエフ公国**を建国し、しだいに**スラヴ化**していった。

🔍 **もっとくわしく**

キエフ公国は、10世紀末の**ウラディミル1世**の代に最盛期を迎えた。ウラディミル1世は**ギリシア正教**に改宗し国教とした。13世紀に、**キプチャク=ハン国（ジョチ=ウルス）**に服した。

背景 **ノルマン人**の一派がヨーロッパ各地で海賊活動を展開。**ヴァイキング**として恐れられる。
結果 911年、北フランスに定着した首領**ロロ**は**ノルマンディー公国**を建国した。彼らはその後イタリアとシチリア島に侵入し、**両シチリア王国**を建設した。

⚠️ **関連事項**

ノルマン人は、アングロ=サクソン王国にも侵入したが、**アルフレッド大王**が一時撃退した。アングロ=サクソン王国は、1016年、デーン人の王**クヌート**に征服された。

内容 東フランク王国の大諸侯であるザクセン家の**オットー1世**が、遊牧民**マジャール人**の侵入を撃退し、962年、ローマ教皇から帝冠を授けられた。これが神聖ローマ帝国の始まりである。
結果 マジャール人は、その後、定住してカトリックに改宗し、**ハンガリー王国**を建てた。

⚠️ **関連事項**

神聖ローマ帝国は、ドイツ王が皇帝位を兼ねたが、皇帝が**イタリア政策**に力を注いだため、国内の不統一をまねき、諸侯の自立化をうながした。

105 987年 | フランス、カペー朝が成立

カペーさん 苦はないのかね 小パリで
　　　　　9　8　7

関連年代 1328年…ヴァロワ朝が開かれる。

106 ★989年 | ウラディミル1世の改宗

ウラディミル 国はくっきり 正教に
　　　　　　9　8　9　　　　　ギリシア正教

関連年代 13世紀…モンゴルのバトゥの侵入でキエフ公国滅亡。

107 1066年 | ノルマン=コンクェスト（征服）

乗る前に 人を無理押し 征服だ
ノルマン　　1　0　6　6

関連人物 アルフレッド大王…デーン人を撃退したイギリス王。

108 ★★1077年 | カノッサの屈辱

カノッサで 非礼難なく 謝罪させ
　　　　　　1　0　7　7

関連年代 1122年…ヴォルムス協約で叙任権闘争が終結。

内容 **西フランク王国**では、カロリング家が断絶し、987年、パリ伯の**ユーグ=カペー**が選ばれて王となった。

結果 王領はパリ周辺だけで、王権も弱く、大諸侯が分立していた。その後、中央集権化に努め、12世紀以降強大となった。

 関連事項

当初、カペー朝の王権は弱かったが、カトリックと結んで、中央集権化に努めた。12世紀末の**フィリップ2世**のころには強国となった。

経過 キエフ公国の**ウラディミル1世**がビザンツ皇帝の妹と結婚し、**ギリシア正教**に改宗した。彼はビザンツ風の専制君主政を行った。

結果 ロシアは、**ギリシア正教**や**ビザンツ帝国の文化**を受け入れた。その後、**農奴制**と貴族の大土地所有が進んだ。

もっとくわしく

キエフ公国は、ビザンツ文化の受け入れによって繁栄したが、13世紀以降「**タタールのくびき**」といわれる**モンゴルの支配下**に置かれた。

背景 ノルマン人はイギリスのアングロ=サクソン王国へたびたび侵入を繰り返していた。

結果 デーン人の**クヌート**が王国を征服するが、そこへ**ノルマンディー公ウィリアム**が上陸し(1066年)、**ウィリアム1世**として**ノルマン朝**を開いた。

 関連事項

以後、イギリス王はフランスに領地を持ち、フランス王はイギリス王を臣下に持つ関係ができた。このことが英仏間の紛争の要因となった。

背景 10世紀以降、**クリュニー修道院**を中心に、教会の腐敗に対する**教会刷新運動**が起こった。

経過 1077年、神聖ローマ皇帝**ハインリヒ4世**は、**聖職叙任権**をめぐって教皇**グレゴリウス7世**と対立して破門され、イタリアのカノッサ城に出かけて教皇に謝罪した。

もっとくわしく

多くの領地を持つ教会では**聖職売買**などの腐敗が増加し、修道院を中心に**教会刷新運動**が起きた。叙任権闘争は1122年の**ヴォルムス協約**でひとまず終息した。

065

109 ★ **1095**年 | クレルモン宗教会議

十字軍 一応救護の クレルモン
1 0 9 5

関連人物 | **ウルバヌス2世**…クレルモン宗教会議を招集した。

---

110 ★★ **1096**年 | 第1回十字軍遠征

十字軍 遠く向かうは イェルサレム
10 9 6

関連年代 | 1099年…イェルサレム王国の建国。

---

111 **1204**年 | 第4回十字軍、ラテン帝国を建てる

ビザンツの 位置におし建つ ラテン国
1 2 0 4

関連年代 | 1270年…第7回十字軍(最後の十字軍)。

---

112 ★★ **1215**年 | イギリスのマグナ=カルタ(大憲章)

大憲章 人に一語で 法を説く
1 2 1 5

法の支配の原則

関連年代 | 1154年…プランタジネット朝が始まる。

背景 11世紀の半ばから、**セルジューク朝**が西アジアを制圧し、小アジアへ進出して、ビザンツ帝国を圧迫していた。

結果 ビザンツ皇帝の援助要請を受けた**ウルバヌス2世**が**クレルモン**で**宗教会議**を開催し、十字軍の派遣を提唱した。

🔍 **もっとくわしく**

1071年の**マンジケルトの戦い**でセルジューク軍はビザンツ軍を破り皇帝を捕虜（ほりょ）にした。この戦いの後の1077年、小アジアに**ルーム=セルジューク朝**が建国された。

内容 **クレルモン宗教会議**で提唱された**第1回十字軍**が1096年に派遣された。

結果 **諸侯（しょこう）・騎士（きし）**が参加した第1回十字軍は、コンスタンティノープルを経て、聖地**イェルサレム**を占領し、**イェルサレム王国**を建てた。以降1270年の第7回まで派遣された。

▲第1回十字軍

背景 第2回十字軍の後、アイユーブ朝の**サラディン**がイェルサレムを奪還（だっかん）し、第3回十字軍も成功せず、講和した。

内容 **インノケンティウス3世**が提唱した**第4回十字軍**は、**ヴェネツィア**の利害から**コンスタンティノープル**を占領し、**ラテン帝国**を建てた。

⚠ **関連事項**

十字軍のころから、北イタリアに**ヴェネツィア**や**ジェノヴァ**などの都市が成長し東方貿易で栄えた。ミラノやフィレンツェなどの内陸都市も繁栄した。

背景 **プランタジネット朝**のイギリス国王ジョンは、フランス王と争い、大陸の領地の大半を失った。

経過 重税を課したジョンは、貴族たちの反対にあい、1215年、**マグナ=カルタ**（大憲章）を認めさせられた。

🔍 **もっとくわしく**

大憲章は、課税において王と貴族・高位聖職者との同意を約束したもの。「国王も法に従う」という"**法の支配**"の原則を持ち、イギリス憲法の始めとなった。

---

113 ☑ ★ **1295** 年　イギリスの模範議会が開かれる

諸身分を 一度に救護 模範議会
しょみぶん　いちどに きゅうご　もはんぎかい
　　　　　1　　2　9　5

> 関連人物　ヘンリ3世…重税を課し、マグナ=カルタを無視した。

---

114 ☑ ★ **1303** 年　アナーニ事件

アナーニで 教皇一味を みな捕らえ
きょうこういちみ　　と
1　3　0　3

> 関連年代　1302年…フィリップ4世が三部会を開催した。

---

115 ☑ ★ **1309** 年　「教皇のバビロン捕囚」が始まる
きょうこう　　　　　　　ほしゅう

教皇の 瞳をくもらす 「捕囚」時代
きょうこう　ひとみ　　　　　　ほしゅう じだい
13　0　9　　　　　バビロン捕囚

> 関連年代　1378年…教会大分裂が始まる。

---

116 ☑ ★★ **1339** 年　百年戦争が始まる

英仏が 勇み窮した 百年間
えいふつ　いさ きゅう　　ひゃくねんかん
13　3　9　　　　百年戦争

> 関連人物　エドワード黒太子…イギリスを優勢に導いた。
こくたいし

背景 国王と対立した**シモン=ド=モンフォール**は、1265年、諸身分の代表を集め、国政を協議させた（イギリス議会の起源）。

経過 **エドワード1世**は**聖職者と貴族、州の騎士、都市の代表**が参加する模範議会を招集した。

結果 14世紀には、**上院・下院の二院**となった。

> ! **関連事項**
>
> 中世の**身分制議会**は、各身分の代表が集まって、各々議決し、全会一致が原則だった。フランスの**三部会**、ドイツの帝国議会などがその例である。

内容 フランス王**フィリップ4世**は聖職者課税をめぐって教皇**ボニファティウス8世**と争い、1303年、**アナーニ**で教皇を捕らえ憤死させた。

結果 13世紀末から、教皇権の衰退が見え始めていたが、**アナーニ事件**以降、教皇権は没落の一途をたどることになった。

> ! **関連事項**
>
> 教皇の権威は13世紀初めの**インノケンティウス3世**のとき絶頂に達した。十字軍の失敗以降衰退し始め、**王権が伸長**した。

内容 アナーニ事件後、フィリップ4世は、教皇庁を南フランスの**アヴィニョン**に移転させた。

結果 ローマ教皇はその後、7代にわたってフランス王の監視下に置かれた。のちに教皇がローマにもどると、アヴィニョンにも教皇がたてられ、両教皇が対立する**教会大分裂**（大シスマ）が始まった。

> ! **関連事項**
>
> 「**教皇のバビロン捕囚**」は、古代のバビロン捕囚にたとえた呼び方。教皇クレメンス5世以降、1377年まで約70年間続いた。

背景 フランスでカペー朝が断絶して**ヴァロワ朝**が継ぐと、イギリス王**エドワード3世**が王位継承権を主張し、1339年、**百年戦争**が始まる。

結果 初めはイギリスが優勢だったが、フランスで**ジャンヌ=ダルク**が出現し、**オルレアン**でイギリス軍を破って以後、形勢が逆転した。

> ! **関連事項**
>
> 背景には、**フランドル地方**（現ベルギー）をめぐる両国の対立もあった。羊毛生産国のイギリスにとって、毛織物産地としてフランドル地方は重要であった。

117 **1348**年　黒死病（ペスト）大流行

ペスト来て　父さんしばらく　酷使止め
1　　　3　4　8　　　　黒死病

関連年代 ┤ 1346〜50年…ペスト流行期。48年が最盛期。

118 ★★**1356**年　ドイツで金印勅書が発布される

金印の　いい見ごろにて　勅書出す
1　3　5　6

関連年代 ┤ 1358年…ハンザ同盟が都市同盟となる。

119 ★**1381**年　ワット＝タイラーの乱

タイラーの　一味徘徊　乱起こす
1　3　81

関連年代 ┤ 1358年…ジャックリーの乱。

120 ★**1414**年　コンスタンツ公会議が始まる

コンスタンツで　教会いよいよ　再統合
1　4　1　4

関連人物 ┤ ウィクリフ…イギリスで宗教改革を始めた。

経過 東方より伝わった伝染病の**黒死病（ペスト）**が、1348年、西ヨーロッパで大流行し、多数の死者を出した。

結果 農業人口の減少は領主に打撃を与え、西欧の荘園では、定率地代や貨幣地代が広がり、イギリスでは**独立自営農民（ヨーマン）**も現れた。

▲黒死病（ペスト）の流行による死者の埋葬

背景 諸侯の勢力が強い神聖ローマ帝国では、シュタウフェン朝の断絶後、事実上皇帝のいない**大空位時代**が続いた。

結果 1356年、カール4世は**金印勅書**を発布して、聖俗の**七選帝侯**に皇帝選出権を認めた。以降、ドイツでは領邦の集権化が進んだ。

！ **関連事項**

皇帝位は、その後、**オーストリアのハプスブルク家**が1438～1806年まで帝位を世襲した。

背景 黒死病（ペスト）の流行後、領主が労働力を確保するために農民の束縛をゆるめた結果、**農奴**解放の動きが見られた。

結果 領主の**封建反動**に抵抗して、イギリスで農奴制廃止などを求めた**ワット＝タイラーの乱**、フランスでは**ジャックリーの乱**が起きた。

🔍 **もっとくわしく**

独立自営農民（ヨーマン）が増えていった結果、領主は経済的に困窮するようになり、再び農民への束縛を強めていった。これを**封建反動**という。

背景 14世紀後半からの教会大分裂（大シスマ）後、**ウィクリフ**や**フス**が教会を批判した。

結果 混乱の収拾のため、**コンスタンツ公会議**が開かれた。ローマ教皇を正統と認め、ウィクリフとフスを異端と宣告し、フスを召喚して火刑とし、教会批判を封じた。

🔍 **もっとくわしく**

フスは、ベーメン（現在のチェコ）の宗教改革者。フスが火刑に処されたのち、フス派らによって**フス戦争**という反乱が起き、ベーメンはキリスト教改革派の新教国となった。

121 ★★1453年　百年戦争終結、ビザンツ帝国滅亡

イギリスの 人よ降参 本国へ
1　4　5　3

関連人物　シャルル7世…フランスの中央集権化を進めた。

122 ★1479年　スペイン王国の成立

我は神なり

すべておまかせします

スペインは 人の意志なく 神の意志
1　4　7　9

関連人物　ジョアン2世…東方航路の開拓を進めたポルトガル国王。

123 ★1480年　モスクワ大公国の独立

ピカー

モスクワは いい世晴れたぞ 独立だ
1　4　8　0

関連人物　イヴァン4世…「雷帝」と呼ばれ、中央集権化をはかった。

124 1485年　イギリス、テューダー朝成立

ギュッ
ギュッ

コノヤロ！
コノヤロ！

テューダーの 意志は強引 バラ抑え
1　4　8　5　　バラ戦争

関連人物　エリザベス1世…テューダー朝最後の王。

結果 百年戦争に勝利したフランス王は、イギリスの勢力をしりぞけて統一を進めた。イギリスでは、直後に**バラ戦争**（1455〜85年）が起きた。
参考 1453年、東欧では、**ビザンツ帝国が滅亡**。この年は、東西のヨーロッパの**中世の終わり**、近代への変革を意味する年となった。

!　**関連事項**

百年戦争後、英仏の騎士階級が没落し、国王による中央集権化が進んだ。ヨーロッパ**近代の始まり**は、ルネサンス、大航海時代、宗教改革など15世紀後半からである。

背景 イベリア半島では、イスラーム教徒に対する**レコンキスタ**（国土回復運動）が進む。12世紀にポルトガルがカスティリャから独立した。
内容 **アラゴン**の王子**フェルナンド**と**カスティリャ**の王女**イサベル**が結婚して、1479年、**スペイン王国**が成立した。

!　**関連事項**

スペインの**レコンキスタ**やバルト海の**ドイツ騎士団**も広義の十字軍である。スペインやポルトガルは以後、海外進出をはかった。

経過 モスクワ大公**イヴァン3世**は、**キプチャク=ハン国**から独立し、ビザンツ皇帝権を受け継いで**ツァーリ**（皇帝）の称号を使用した。
結果 国内では**農奴制が強化**され、辺境に逃亡した農民が**コサック**という自治的な武装集団を形成した。

!　**関連事項**

イヴァン3世はモスクワの繁栄を誇って、この地を「**第3のローマ**」と呼んだ。次の**イヴァン4世**はツァーリの称号を正式に使用した。

背景 **ヨーク家**と**ランカスター家**の家紋に由来する、百年戦争直後の王位継承をめぐって起きた内乱（バラ戦争）で貴族が没落した。
結果 1485年、**テューダー家**の**ヘンリ7世**が即位した。彼は**星室庁裁判所**を設けて貴族を抑え、王権を強化、イギリス絶対王政の基礎をつくった。

!　**関連事項**

イギリス王家は、ノルマン朝→プランタジネット朝→ヨーク家・ランカスター家→テューダー朝→ステュアート朝→ハノーヴァー朝→ウィンザー朝と推移していった。

125 ★★ 1492年　コロンブスが西インド諸島に到達

コロンブス 位置よく似てる インド行き
1　4　9　2

関連年代　1494年…トルデシリャス条約の締結。

126 ★★ 1498年　インド航路の開拓

インドへの ガマの意欲は 希望 満つ
1　49　8　　喜望峰

*喜望峰を希望峰とまちがえないこと。

関連人物　アメリゴ=ヴェスプッチ…南アメリカを探検。

127 1510年　ポルトガルのゴア占領

ポルトガル 以後自由だと ゴア占領
1　5　10

関連年代　1543年…ポルトガル人が種子島に漂着。

128 ★★ 1517年　ドイツで宗教改革が始まる

ルター言う 贖宥状 は 以後否だ
1　5　17

*贖宥状＝免罪符のこと。罪のゆるしが得られた印としてカトリック教会が発行。

関連年代　1524年…ドイツ農民戦争が始まる。

内容 1492年、ジェノヴァのコロンブスはスペイン女王**イサベル**の援助で西方に出航、2か月余りの航海の後、**西インド諸島**に到達し、サンサルバドル島に上陸した。

参考 1492年、イベリア半島最後のイスラーム側根拠地グラナダが陥落、**レコンキスタ**が終了。

! 関連事項

コロンブスは**トスカネリ**の**地球球体説**をもとに西航し、72日後に到達した。その後3回の航海をしたが、最後まで到達した地をアジアと信じていた。

背景 ポルトガルは、エンリケ航海王子以降インド航路開拓を進め、1488年に**バルトロメウ=ディアス**が、アフリカ南端の喜望峰に到達。

内容 **ヴァスコ=ダ=ガマ**は、喜望峰からインド洋を横断、1498年にインドの**カリカット**へ到達。以降、ヨーロッパとインドの直接航路が開拓された。

🔍 もっとくわしく

新航路開拓の主な目的は、イタリア商人が**東方貿易**で扱う高価なアジア産**香辛料**の買付けだった。香辛料は胡椒や肉桂などで、肉食文化のヨーロッパでは非常に需要が高かった。

内容 1510年、ポルトガル軍が、インド西岸の港市ゴアを占領した。

結果 ポルトガルは1511年に**マラッカ王国**を占領し、ついで、香辛料の産地である**モルッカ諸島**に進出した。香辛料貿易によってポルトガルの首都リスボンは繁栄した。

! 関連事項

ポルトガルは、1557年に**マカオ**に居住権を得て明との貿易拠点とし、日本とも通商を行った。17世紀以降衰退し、スペイン・オランダにとって代わられた。

内容 1517年、ルターは**九十五カ条の論題**を公表し、カトリック教会の贖宥状販売を批判。

結果 ルターは、聖書中心主義を主張して**ローマ教皇の権威を否定**した。ヴォルムス帝国議会でルター派は禁止されたが、彼はザクセン選帝侯に保護されて『**新約聖書**』をドイツ語に翻訳した。

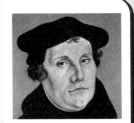

▲マルティン=ルター

129 **1530**年 シュマルカルデン同盟が成立

ルター派は 以後身を投じる 同盟に
1 5 3 0

関連年代 1546年…シュマルカルデン戦争が起こる。

130 **1533**年 インカ帝国の滅亡

ピサロ来て 以後散々に インカ散る
1 5 3 3

関連年代 1521年…コルテスがアステカ王国を征服。

131 ★**1534**年 イギリスの首長法

首長法 以後見よ王が 国教長
1 5 3 4
イギリス国教会の首長

関連人物 エドワード6世…一般祈祷書を制定した。

132 ★**1541**年 カルヴァンの宗教改革

カルヴァンの 以後よい国は 神の国
1 5 4 1

関連人物 ツヴィングリ…1523年、チューリヒで宗教改革を開始。

背景 ドイツ農民戦争後、神聖ローマ皇帝**カール5世**はルター派を容認したが、**オスマン帝国**によるウィーン包囲後に再び禁止した。

内容 皇帝のルター派禁止に抗議して、1530年、ルター派が反皇帝の**シュマルカルデン同盟**を結び、1546年には戦争にまで発展した。

！ **関連事項**

プロテスタント（抗議する者）という名称は、カール5世のルター派再禁止の際に、ルター派の諸侯が皇帝に抗議文を提出したことに由来する。

背景 コロンブスの発見した土地は、**アメリゴ＝ヴェスプッチ**により、アジアではないと判明。新大陸として「**アメリカ**」と命名された。

結果 スペインのコンキスタドール（征服者）の**コルテス**はメキシコの**アステカ王国**を、**ピサロ**はペルーの**インカ帝国**を征服した。

！ **関連事項**

アメリカの先住民（インディオ）の社会に打撃を与えたのは、ヨーロッパ人がもたらした**伝染病**の大流行だった。聖職者**ラス＝カサス**はインディオの救済に努めた。

内容 **ヘンリ8世**は、王妃キャサリンとの離婚を認めない教皇と対立し、1534年の**首長法**で、自らを首長とする**イギリス国教会**を創設。

結果 その後、メアリ1世は新教徒を弾圧したが、1559年、**エリザベス1世**が**統一法**を制定して、**イギリス国教会**が確立した。

！ **関連事項**

ローマ教皇が離婚に反対した理由は、王妃キャサリンが、強国スペインの王女だったことによる。首長法により、イギリス国教会の教皇からの分離独立が決定的となった。

内容 1541年、フランス人の宗教改革者**カルヴァン**がスイスの**ジュネーヴ**に招かれ、神権政治を行った。

結果 カルヴァンは**予定説**を唱え、神の救いを確信して禁欲・勤労に努めることを説き、その教えは各国の**市民階級**に広まった。

🔍 **もっとくわしく**

カルヴァン派は、フランスでは**ユグノー**、イギリスでは**ピューリタン**、オランダでは**ゴイセン**、スコットランドでは**プレスビテリアン**（長老派）と呼ばれた。

133 1545年 トリエント公会議が始まる

トリエント 以後施行せよ 再建策
1 5 4 5

関連年代 1534年…イエズス会の結成。

134 ★ 1555年 ドイツ、アウクスブルクの和議

ルター以後 ここで会うぞと 一区切り
1 5 5 5 　アウクスブルク

関連人物 フランソワ1世…カール5世と激しく抗争した。

135 1559年 イギリス、統一法の制定

エリザベス 一考ご苦労 統一法
1 5 5 9

関連人物 メアリ1世…新教徒を弾圧したイギリス女王。

136 ★ 1571年 レパントの海戦

レパントで 戦後泣いたよ オスマンは
1 5 7 1

関連人物 カルロス1世…カール5世と同一。フェリペ2世の父。

背景 カトリック教会側でも独自の改革をはかる**カトリック改革**（対抗宗教改革）が起こった。

結果 公会議では教皇至上権を再確認し、宗教裁判の強化や禁書目録の制定が行われた。一方、**イグナティウス=ロヨラ**が結成した**イエズス会**は、欧州での勢力回復、海外布教に貢献した。

> !」 **関連事項**
>
> イエズス会の海外での宣教活動は、大航海時代の通商の広がりと植民活動に大きく関係していた。**フランシスコ=ザビエル**は1549年に日本に来航し、キリスト教を伝えた。

内容 ドイツ宗教改革の和議。1555年、皇帝**カール5世**は、諸侯と自由都市にカトリックかルター派のいずれかを信仰することを認めた。

結果 領民はそれぞれの諸侯の決定に従うことが原則で、カルヴァン派や個人の信仰の自由は認められなかった。

> !」 **関連事項**
>
> ドイツ宗教改革期の神聖ローマ皇帝**カール5世**は、ハプスブルク家出身の最初のスペイン王**カルロス1世**でもあった。

背景 1534年、ヘンリ8世が首長法を制定してカトリックから離脱し、次のエドワード6世が一般祈禱書（きとうしょ）を制定したが、**メアリ1世**がカトリック復活をはかった。

結果 1559年、**エリザベス1世**が**統一法**を制定したことで、**イギリス国教会**が確立した。

> 🔍 **もっとくわしく**
>
> イギリス国教会の教義はカルヴァン主義に近いが、制度・儀式面では、**司教制**（しき）などカトリックに似た面を残している。国教会の礼拝などの統一をはかるのが統一法である。

背景 スペイン絶対主義は、フェリペ2世の時代にポルトガルを併合するなど最盛期を迎える。

内容 1571年、スペインは、ギリシアの**レパント**でオスマン帝国艦隊（かんたい）を破り、西インド諸島や「新大陸」など、広大な海外領土を持ち、「**太陽の沈まぬ国**」と称された。

> !」 **関連事項**
>
> この時期のスペインの植民地は広大で、世界最大の植民地帝国であった。発見された**メキシコ**や**ペルー**の鉱山からスペインに運ばれた銀が、最盛期のスペインを支えた。

137 1613年 — ロシア、ロマノフ朝の成立

ロマノフ朝 一番無意味な 乱治め
　　　　　　 1　6　1　3

関連年代　1917年…ロマノフ朝の崩壊。

138 ★★1618年 — ドイツで三十年戦争が始まる

30年 疲労嫌がる ドイツ人
三十年戦争　1　6　18

関連人物　グスタフ=アドルフ…三十年戦争に介入したスウェーデン王。

139 1623年 — アンボイナ事件

アンボイナ 人無にさせる 奴おらん
　　　　　　 1　6　2　3　　　　オランダ

関連年代　1602年…オランダ東インド会社の設立。

140 ★★1642年 — イギリス革命(ピューリタン革命)

ピューリタン 異論世に問う 革命で
　　　　　　 1　6　4　2

関連年代　1628年…「権利の請願」が出される。

背景 イヴァン4世は**シベリア開拓**を進め、**農奴制**と**専制政治**を強めた。彼の死後、動乱が起こり、ポーランドなどが侵入した。

結果 ミハイル=ロマノフが推されて即位し、動乱を収拾。専制政治と農奴制が強化され、ロマノフ朝は**ロシア革命**まで続いた。

--- 関連事項

イヴァン4世は、コサックの首長イェルマークに**シベリア遠征**を命じ、シベリア進出をはかった。彼は対立する諸侯を弾圧し、「雷帝」と称された。

背景 ドイツ国内では、**アウクスブルクの宗教和議**の後も、新教徒と旧教徒の対立が続いた。1618年に**ベーメン**で起きた**新教徒の反乱**は鎮圧された。

結果 以後、新教国デンマーク・スウェーデンが介入、旧教国**フランス**も参戦し、国内は荒廃する。戦後、神聖ローマ帝国は事実上解体した。

もっとくわしく

三十年戦争は、最大かつ最後の**宗教戦争**だったが、フランスの新教側への参戦で、新・旧教間の宗教戦争は、旧教国のフランス・神聖ローマ帝国両国の権力闘争へと変質した。

内容 ポルトガルに続き、英・蘭がインドネシアのモルッカ諸島に進出。オランダは、この事件で英商館員を虐殺してイギリス勢力を排除し、**香辛料貿易**を独占。

結果 **オランダ東インド会社**は、ジャワの**バタヴィア**を拠点にこの地域を支配していき、のちのオランダ領東インドの基礎を築いた。

--- 関連事項

胡椒は南インドが特産、モルッカ諸島は**丁子（クローブ）**の産地だった。肉の味の向上と腐敗防止のためヨーロッパで求められ、最も重要な貿易品であった。

背景 **ステュアート家**の絶対王政下、ピューリタンの多かった議会が**チャールズ1世**に抵抗し、1642年、スコットランドの反乱を機に、**王党派**と**議会派**の内乱が始まった。

結果 議会派の**クロムウェル**の指導する議会軍が王党派に勝利し、1649年に国王を処刑した。

もっとくわしく

ピューリタン（清教徒）とは、イギリスにおけるカルヴァン派をさす。議会派は、穏健な**長老派**、クロムウェルの**独立派**、急進的な**水平派**に分かれる。

| 141 | ★ **1648**年 | ウェストファリア条約 |

上下に 出入り世は末 三十年
ウェストファリア　1　6　4　8　三十年戦争の講和条約

関連年代 1618～48年…ドイツで三十年戦争が起きた。

| 142 | ★ **1651**年 | イギリスの航海法 |

イギリスの 優位色濃い 航海法
　　　　　　16　5　1

関連年代 1652～54年…第1次イギリス=オランダ（英蘭）戦争。

| 143 | ★ **1673**年 | イギリス、審査法制定 |

議会では 異論なさんと 審査法
　　　　　1　6　7　3

関連年代 1679年…人身保護法の制定。

| 144 | ★★ **1688**年 | イギリスで名誉革命が起きる |

名誉ある ヒーローはばたく 英議会
名誉革命　1　6　8　8

関連年代 1689年…「権利の章典」が出される。

内容 三十年戦争の終結後に開かれた国際会議で、**最初の主権国家体制**ができる。この条約で**スイスとオランダ**の独立が正式に承認された。
結果 神聖ローマ帝国は実質的に解体され、諸侯が領邦として事実上独立し、ドイツ統一は絶望的となった。

もっとくわしく
会議はドイツ西北部のウェストファリア地方の2つの町で開かれたので、この名がある。これをもってヨーロッパの**主権国家体制**が確立された。

内容 独裁化した**終身護国卿クロムウェル**が、イギリス本国と植民地間の貿易から**オランダを排除**しようとして発布した**重商主義政策**の1つ。
結果 以後、3度にわたる**イギリス=オランダ(英蘭)戦争**が起こり、イギリス優勢のうちに終結、オランダの海上支配は衰退していった。

もっとくわしく
北アメリカの東海岸にあった植民地のうち、イギリスがオランダから奪ったニューアムステルダムが、**ニューヨーク**と改称。

背景 クロムウェルの死後、イギリスでは**チャールズ2世**が即位した(**王政復古**)。国王は、絶対王政への復帰をはかり、カトリックを容認したため、議会は国王と再び対立した。
結果 議会は、官吏就任は国教徒に限定するという**審査法**を制定した。

関連事項
審査法は、カトリックを重視した国王に対し、議会がカトリック教徒を役人としないように定めたものである。また、**人身保護法**は法によらない逮捕・裁判を禁じたものである。

背景 チャールズ2世に続く**ジェームズ2世**もまた、絶対王政の復活に努めた。
結果 1688年、議会はオランダからジェームズ2世の王女**メアリ**と夫の**オランダ総督ウィレム**を招いた。ジェームズ2世はフランスへ亡命したため、2人ともに王位に就いた。

もっとくわしく
1689年、ウィレム夫妻は「**権利の宣言**」を受け入れて王位に就いた。同年、この宣言を成文化した「**権利の章典**」が制定され、イギリス立憲政治の原点となった。

145 ★ **1689**年　イギリス、「権利の章典」制定

章典が いろいろ役立つ 議会制
１　６ 89

関連人物　ウォルポール…イギリス議会政治の基礎を確立した。

146 ★ **1699**年　カルロヴィッツ条約

カルロにて 一路汲汲 オスマン軍
カルロヴィッツ　　　１ ６ ９ ９

関連人物　アブデュルメジト１世…西欧化改革を実施。

147 ★ **1700**年　ロシア、北方戦争を始める

ピョートルは 非難を忘れ 北方に
１ ７ ０ ０

関連年代　1721年…ニスタット条約を結ぶ。

148 **1701**年　スペイン継承戦争が始まる

スペインさん いいな王位が 欲しいルイ
１ ７ ０ １

関連年代　1702〜13年…アン女王戦争。

内容 議会が同年に発した「**権利の宣言**」を、国王が「権利の章典」として発布した。

結果 権利の章典で議会の権限は国王に優越すると宣言し、立憲君主政が始まった。1714年にハノーヴァー朝が成立すると選挙と議決結果を重んじる**議院内閣制**(責任内閣制)が発達した。

 関連事項

イギリスの主な政治文書
1215年　マグナ=カルタ
1628年　権利の請願
1689年　権利の宣言
1689年　権利の章典

内容 1683年、オスマン帝国の第2次ウィーン包囲が失敗し、この条約でオスマン帝国は**ハンガリー**などをオーストリアに割譲。

結果 以後、オスマン帝国の衰退が明確になり、オーストリアやロシアに圧迫され、領土は縮小していった。

▲オスマン帝国の縮小

内容 **ピョートル1世**は、ロシアの**近代化・西欧化**を進め、絶対王政を確立した。1700年からの**北方戦争**では、**スウェーデンのカール12世**を破って**バルト海**に進出した。

結果 この戦争中に建設された新都**ペテルブルク**は、西欧への窓となった。

 関連事項

バルト海は中世以来、ハンザ同盟や騎士団などドイツと関係が深い。ペテルブルクの名もその一例である。ロシアは、1696年にはアゾフ海も占領した。

背景 フランスの**ルイ14世**が進める対外侵略に対して、イギリスとオランダは同君連合を結んで共同で対抗しようとした。

内容 ルイ14世は、断絶した**スペイン=ハプスブルク家**の王位の継承を画策し、反発した英・蘭・墺との間で**スペイン継承戦争**が起こった。

 関連事項

ヨーロッパでのスペイン継承戦争と並行する形で、フランスとイギリスの両国は、北米大陸においても植民地の領有をめぐって**アン女王戦争**を起こした。

149 **1713**年 ユトレヒト条約

ユトレヒト 陰な秘密で 英領土
1　7　1　3

関連人物　アン女王…名誉革命で即位したメアリ2世の妹。

150 **1740**年 オーストリア継承戦争が始まる

継承で 一難知れば マリア泣き
オーストリア　1　7　4　0　　マリア=テレジア
継承戦争

関連人物　ヴォルテール…フリードリヒ2世に啓蒙思想を伝えた。

151 **1756**年 七年戦争が始まる

七年も 人なごむ日なし シュレジエン
1　7　5　6

関連人物　ヨーゼフ2世…オーストリアの啓蒙専制君主。

152 **1763**年 パリ条約

パリの人 なむさん北米 英の手に
1　7　6　3

関連年代　1732年…ジョージア建設で13植民地となる。

内容 スペイン継承戦争とアン女王戦争の講和条約として、1713年にオランダで**ユトレヒト条約**が結ばれた。

結果 この条約で、**ブルボン家**はフランスと合体しない条件で**スペイン王位**を得た。イギリスは**ジブラルタル**などの植民地を獲得した。

> **! 関連事項**
>
> 「太陽王」と呼ばれたルイ14世の征服戦争は、フランスの国家財政を悪化させた。ヴェルサイユ宮殿を建てたのも、ルイ14世である。

背景 1740年、オーストリア皇女**マリア=テレジア**がオーストリア大公となり、ハプスブルク家を継承したが、各国が反対した。

内容 プロイセン王**フリードリヒ2世**は、マリア=テレジアの窮地(きゅうち)に乗じて出兵し、オーストリアから**シュレジエン**を奪い取った。

> **! 関連事項**
>
> シュレジエンは、現在のポーランドのシロンスク。地下資源が多い工業地帯である。なお、この戦争で、オーストリア側にはイギリスがついて戦った。

内容 プロイセンは、**シュレジエンの奪回(だっかい)**をめざして宿敵フランスと結んだオーストリアと戦った。**フリードリヒ2世**は苦戦したが同地方を**確保**。

結果 マリア=テレジアはシュレジエンを失ったが、内政改革に努めた。子の**ヨーゼフ2世**は農奴(のうど)解放などの近代化をはかった。

> **🔍 もっとくわしく**
>
> 長年、対立し続けたオーストリア=ハプスブルク家がフランスと同盟したことを**外交革命**という。また、フランスはインドや北米など各地の植民地でイギリスと争ったが、敗北した。

内容 **七年戦争**および北米・インドでの植民地戦争における英仏西3国間の講和条約。

結果 北米大陸の**フレンチ=インディアン戦争**でイギリスに敗れたフランスは、**カナダ**や**ルイジアナ**など北米の領土をすべて失い、イギリスの**北米13植民地**の地位が安定した。

> **! 関連事項**
>
> **ルイジアナ・セントルイス・ニューオーリンズ**などは、フランス植民地時代の地名のなごりである。イギリスはアフリカ西岸のセネガルなどもフランスから奪った。

153 ★**916**年　遼(キタイ、契丹)の建国

阿保機さん　苦闘立国　遼を建て
あ ぼ き　　　　　く とうりっこく　りょう　た

耶律阿保機　　　　9 1 6

関連年代　1004年…北宋と澶淵の盟を結ぶ。
ほくそう　せんえん　めい

154 ★**918**年　高麗の建国
こうらい

ALL RIGHT

王建は　悔いはしないぞ　オーライだ
おうけん　　く

9 1 8　　　　　　　　高麗

関連年代　1392年…李成桂によって高麗が滅亡した。
り せいけい

155 ★**960**年　宋(北宋)の建国

宋建てる　苦労を重ねた　趙匡胤
そう た　　　くろう　かさ　　ちょうきょういん

9 6 0

関連年代　北宋…960〜1127年。南宋…1127〜1276年。
なんそう

156 ★**1069**年　王安石の新法

新法を　登録するのは　王安石
しんぽう　　とうろく　　　おうあんせき

1069

関連人物　神宗…北宋第6代皇帝で、王安石を登用した。
しんそう

経過 916年、東北地方で**耶律阿保機**が**契丹族**を統一し**遼（契丹）**を建てた。その後、**渤海**を滅ぼし、華北に侵入して**燕雲十六州**を得た。

内容 遼は北方民族と中国農耕民とを分ける**二重統治体制**をとり、独自の**契丹文字**を使用した。

参考 **タングート族**の**李元昊**は**西夏**を建てた。

▲宋と遼・西夏（11世紀）

内容 918年、**新羅**に代わって**王建**が**高麗**を建国した。都は**開城**。仏教経典を総集した**大蔵経**の刊行など仏教が盛んになり、このころ**高麗青磁**がつくられた。

経過 高麗はその後、遼・**金**に圧迫され、13世紀にモンゴルの侵入により**元**に服属した。

🔍 **もっとくわしく**

王建は、936年に朝鮮半島を統一し、唐や宋の制度・文化を吸収して、国家体制を整えた。高麗は1273年に元に服属し、日本に遠征した。

内容 **後周**の武将**趙匡胤**が建国した。都は**開封**。

結果 武人による**武断政治**をやめ、文人官僚による**文治政治**へ転換をはかった。**科挙**を充実して新興地主層を官僚に登用し、**君主独裁**体制を築くが、北方民族の圧迫と多くの官僚や軍を維持するための財政難に苦しんだ。

🔍 **もっとくわしく**

宋代には科挙の最終試験として、皇帝自らが施行する**殿試**が行われた。また、**朱熹**が朱子学を大成し、**司馬光**が通史『**資治通鑑**』を編纂した。美術では院体画、文人画がさかんになった。

経過 北宋と遼が1004年、**澶淵の盟**を結び、宋は遼に銀・絹を毎年贈ることとなった。

結果 宋はしだいに財政難となり、11世紀後半から富国強兵をめざす**王安石**の**新法**が実施されるが、**司馬光**ら**旧法党**が反対して党争が続く。これが、さらに国力を弱めることになった。

🔍 **もっとくわしく**

王安石の新法は青苗・均輸・市易・募役・保甲・保馬などの諸法で、1069年以降実施された。地主や豪商の利益を抑える改革は、反発も強かった。

157 | 1115 年 | 金の建国

阿骨打さん 人々憩う 金おこす
アグダ　　ひとびといこ　　きん
1　1　15

関連年代　1125年…金が北宋と同盟して遼（契丹）を滅ぼす。
ほくそう　　　　　　りょう　きったん

---

158 | ★1126 年 | 靖康の変
せいこう

靖康に 宋の戦意摘む 金の拉致
せいこう　そう　せんいつ　　きん　らち
1　1　2　6

関連人物　秦檜…金に対する和平派の中心人物。
しんかい

---

159 | ★1206 年 | チンギス＝カン（ハン）の即位

モンゴルに いい連れ無数の チンギス＝カン
つ　むすう
1　2　0　6

関連年代　1227年…西夏がモンゴル帝国により滅亡。
せいか

---

160 | 1234 年 | 金の滅亡

オゴデイが ひとつ踏み寄り 金滅亡
ふ　よ　きんめつぼう
1　2　3　4

関連年代　1235年…オゴデイが首都カラコルムを建設。

内容 1115年、中国東北地方で完顔阿骨打（ワンヤン ア グ ダ）が、**ツングース系狩猟民の女真人**を統一。**遼**を滅ぼして燕雲十六州を奪った。

結果 金は独自の**女真文字**を使用し、中国的国家体制をつくりあげたが、1234年にモンゴル帝国などにより滅ぼされた。

▲金と南宋（12世紀）

内容 1126年、金は北宋の都開封を占領、前皇帝徽宗（きそう）と皇帝欽宗（きんそう）を拉致（らち）し、翌年に北宋は滅亡。

結果 1127年、欽宗の弟の高宗（こうそう）が江南（こうなん）に逃れ、**臨安（りんあん）（今の杭州）**を都として**南宋（なんそう）**を建国した。金との対応について、**和平派**と**主戦派**が対立したが、和平派が勝利した。

▲南宋の海港都市

内容 モンゴル部族の**テムジン**がモンゴルの遊牧民を統一し、**クリルタイ（集会）**で**チンギス=カン（ハン）**として即位した。

経過 オアシス地帯に侵入して、イスラーム国家の**ホラズム=シャー朝**を征服、西夏を滅ぼし、金を攻撃した。

🔍 **もっとくわしく**

モンゴルは、遊牧民を1000戸単位で組織する**千戸制（せんこせい）**をしき、機動力のある軍隊をつくり上げた。

背景 1229年、チンギス=カンの第3子、オゴデイがモンゴル帝国第2代皇帝（カアン）となる。

結果 オゴデイは**カラコルム**に都を建設し、**駅伝制（えきでん）**を整備するなど内政に力を入れた。一方外政では、1234年に金を滅ぼした。また、**バトゥ**に命じてヨーロッパ遠征を行わせた。

⚠ **関連事項**

モンゴル帝国の駅伝制は、モンゴルでは**ジャムチ**と呼ばれる。チンギス=カンが創始し、オゴデイが整備した。これにより、東西文化の交流が推進された。

161 1241年　ワールシュタットの戦い

ドイツ騎士（きし）　人不用意（ひとふようい）の　悪（わる）ふざけ
　　　　　　　　1　2　4　1　　　ワールシュタット

関連人物　オゴデイ…バトゥに西征を命じた第2代カアン。

162 ★1271年　元（げん）の建国

クビライの　人（ひと）にない徳（とく）　元（げん）建（た）てる
　　　　　　1　2　7　1

関連人物　マルコ=ポーロ…元に仕え、『世界の記述』を口述した。

163 ★1279年　南宋の滅亡

南宋（なんそう）は　元（げん）の人（ひと）に泣（な）く　首（くび）切（き）られ
　　　　　　1　2　7　9　　　クビライ

関連人物　高宗（こうそう）…南宋の初代皇帝。

164 1351年　紅巾（白蓮教徒）の乱が始まる
こうきん　びゃくれんきょうと

紅巾（こうきん）の　一味強引（いちみごういん）　乱起（らんお）こす
　　　　　　1　3　5　1

関連年代　1353年…イル=ハン国（フレグ=ウルス）の滅亡。

内容 バトゥのモンゴル軍はポーランド西部に達し、**ワールシュタットの戦い**でドイツ・ポーランド諸侯軍（しこうぐん）を破った。

結果 バトゥが南ロシアに建国した**キプチャク=ハン国**（ジョチ=ウルス）はその後、約200年間**ロシア**を支配した。

▲モンゴル帝国の分裂

内容 **クビライ（フビライ）** は、中国支配をめざしてカラコルムから**大都**（だいと）に都を移し、国号を**元**とした（大元ウルス）。

結果 元の中枢（ちゅうすう）はモンゴル人が握り、経済面で**西域**（さいいき）の**色目人**（しきもくじん）を重用し、金の支配下にあった**華北**（かほく）の**漢人**（かんじん）や南宋の**南人**（なんじん）と区分して支配した。

⚠ **関連事項**

元では**元曲**（げんきょく）や小説など庶民文化が発展した。元朝の公文書ではモンゴル語と**パスパ（パクパ）文字**が使われた。また、多くの旅行家や宣教師が元を訪れた。

背景 南宋は**江南**（こうなん）開発により、経済が発展。**行**（こう）・**作**（さく）などの同業組合が誕生し、**会子**（かいし）が紙幣として使われた。一方で、北方対策で苦しんだ。

結果 **クビライ**が**元**を建国して、江南に進出し、1279年に南宋を滅ぼして中国を統一した。

参考 北宋（ほくそう）では、**交子**（こうし）が紙幣として使われた。

🔍 **もっとくわしく**

江南の開発によって**長江**（ちょうこう）の下流域は穀倉地帯となり、その状況は「**蘇湖（江浙）熟**（そこ・こうせつ）すれば天下足る（たる）」と表現された。

背景 14世紀に入ると、モンゴル支配下の各ハン国では**内紛**（ないふん）が起き、政権がゆらいだ。また、元でも紙幣（**交鈔**）（こうしょう）の**濫発**（らんぱつ）や**専売の強化**により、民衆の反乱が多発した。

結果 1351年に起きた**白蓮教徒**（びゃくれんきょうと）による**紅巾の乱**（こうきんのらん）は、元の滅亡の直接の原因となった。

⚠ **関連事項**

チャガタイ=ハン国（チャガタイ=ウルス）は、14世紀中ごろに東西に分裂した。キプチャク=ハン国（ジョチ=ウルス）は、**モスクワ大公国**が独立したのちに崩壊した。

165 ★ **1368** 年 　明の建国

元を追い 明建て勇むは 朱元璋
13　6　8

> 関連年代　1397年…洪武帝が六諭を発布。

166 ★ **1392** 年 　朝鮮王朝ができる

李成桂 いざ国づくりに 挑戦だ
1　3　92　　　　　朝鮮

> 関連年代　1910年…日本による韓国併合。

167 ★ **1402** 年 　永楽帝の即位

永楽帝 薏志鬼にして 就く帝位
1　4　02

> 関連年代　1405〜33年…南海諸国遠征を実施。

168 **1446** 年 　訓民正音(ハングル)の制定

世宗の 意志知ろうかね ハングルで
1　4　4　6

> 関連年代　1403年…朝鮮で銅活字がつくられる。

背景 元末、1351年に白蓮教徒を中心とする紅巾の乱が起こり、全国に広がって群雄が割拠した。

内容 1368年、勢力をのばした朱元璋が金陵（南京）で即位（洪武帝）、国号を明とし、大都を占領。六部を皇帝に直属させる君主独裁体制を確立。当初は海禁策をとって朝貢貿易を行った。

🔍 **もっとくわしく**

明は農村に里甲制をしいて、土地台帳（魚鱗図冊）や租税台帳（賦役黄冊）を作成させた。また、民衆教化のために六諭（6カ条の教訓）を定めた。

内容 1392年、倭寇の討伐で功をあげた李成桂が高麗を倒し建国した。都は漢城（ソウル）。明に遣使して冊封を受け、国号を朝鮮とした。

結果 朱子学が盛んで、両班という文武の官僚が支配した。15世紀末から、両班の党争がくり返され、王朝衰退の要因となった。

❗ **関連事項**

九州の西海地方の住民の交易活動が往々にして略奪に転じ、倭寇と呼ばれた。この時期の倭寇を前期倭寇という。16世紀に入ると、中国人が中心となって再び活発化した（後期倭寇）。

内容 洪武帝の死後、孫の建文帝が即位したが、洪武帝の子の燕王が靖難の役で帝位に就いて永楽帝となり、その後、北京に遷都した。

結果 1405年より宦官鄭和を南海諸国遠征に派遣、モンゴル高原に5度にわたる親征を行う。『永楽大典』、『四書大全』などの編纂を命じてつくらせた。

🔍 **もっとくわしく**

モンゴル高原に逃れた北元は洪武帝の攻撃を受けて滅亡した。その後、モンゴル系のオイラトが台頭してモンゴル高原を統一し、明朝をおびやかした。

内容 朝鮮王朝の第4代国王世宗は、1446年に訓民正音を制定した。これは朝鮮固有の表音文字で、ハングルともいう。

参考 当時の公的な書記方法は漢文であり、当初は庶民の間で使われたが、日本の統治時代に公式に使われるようになった。

▲訓民正音

169 ★**1449**年　土木の変、明の正統帝が捕らわれる

正統帝　衣食足りずに　逃亡し
　　　　　1 4 4 9　　　　土木の変

関連年代　前期倭寇…14世紀中心。後期倭寇…16世紀中心。

170 ★**1526**年　ムガル帝国の建国

バーブルの　以後にムガルは　繁栄し
　　　　　　1 5 2 6

関連人物　アウラングゼーブ帝…最大領土を獲得した。

171 **1592**年　秀吉の朝鮮侵略（壬辰・丁酉の倭乱）

秀吉を　天国に誘う　李舜臣
　　　　1 59 2

関連年代　1875年…日本と朝鮮が江華島付近で交戦（江華島事件）。

172 ★**1616**年　後金の建国

ヌルハチが　いろいろ発揮し　金再興
　　　　　　1 6 1 6　　　　八旗

関連年代　1636年…ホンタイジ（太宗）が国号を清と改称。

内容 1449年、**オイラト**の**エセン＝ハン**が侵入、迎え撃った明の正統帝を**土木堡**で捕虜とする。

経過 以後、明は**タタール**の**アルタン＝ハーン**の侵入や中国沿岸の**後期倭寇**の活動に悩まされた（**北虜南倭**）。こうした状況を受けて、明が海禁をゆるめた結果、大量の銀が中国に流入した。

🔍 **もっとくわしく**

16世紀の**タタール**の侵入後、明に代わって清が中国を統一した。清代には**ジュンガル部**（オイラトの一部族）が強大になったが、**康熙帝**に敗れた。

経過 ティムールの子孫**バーブル**が**デリー**に入城、**ムガル帝国**を建てる。都は**アグラ**など。

結果 最盛期の**アクバル帝**は、ヒンドゥー教徒とイスラーム教徒の共存をはかる。**タージ＝マハル**は**シャー＝ジャハーン**の妃の廟。**アウラングゼーブ帝**の死後、帝国は事実上解体した。

⚠ **関連事項**

アウラングゼーブ帝は、アクバル帝が廃止した**人頭税**を復活させるなど、ヒンドゥー教徒を圧迫して反発を招き、マラーター王国（17世紀中ごろ）などの独立政権が誕生した。

内容 明の征服をねらう**豊臣秀吉**が、1592年と1597年の2度にわたって**朝鮮侵略**を起こした。朝鮮では**壬辰・丁酉の倭乱**と呼ばれる。

結果 日本軍は朝鮮武将の**李舜臣**の**亀甲船**を用いた水軍の抵抗を受け、明が朝鮮を援助したことで膠着状態となり、秀吉の死で中止された。

⚠ **関連事項**

明の万暦帝の代に起こった3つの戦争、「ボハイの乱」・「朝鮮への援軍」・「楊応龍の乱」の万暦の三大征は、明の財政を悪化させ、滅亡を早める要因となった。

内容 **ヌルハチ**が**女真人**を統一し挙兵、1616年に即位して**後金（清）**を建てた。**八旗の兵制**や**満洲文字**を定めて、東北地方を支配下に置いた。

結果 後金の**第2代ホンタイジ（太宗）**は内モンゴルを平定、国号を**清**として朝鮮を服属させる。第3代**順治帝**は北京に遷都した。

⚠ **関連事項**

八旗は清の軍事・行政組織である。黄・白・紅・藍の4色とそれに縁のついた計8旗を標識として、1旗約7500名で編制された。

173 ★ **1644**年 明の滅亡（清の北京入り）

崇禎帝 一人死しては 明滅ぶ
　　　　1 6 4 4

関連人物 李自成…明末の反乱軍の首領で、明を滅ぼす。

174 ★ **1661**年 鄭成功の台湾奪回

鄭成功 一人無比なり 蘭破る
　　　　1 6 6 1　　　　オランダ

関連年代 1673年…呉三桂らが三藩の乱を起こす。

175 ★ **1689**年 ネルチンスク条約

康熙帝 討論白熱 境 練る
　　　　1 6 89　　国境　ネルチンスク条約

関連年代 1727年…雍正帝がロシアとキャフタ条約を結ぶ。

176 ★ **1757**年 清、貿易港を広州に限る

広州は 自由なコーナー 茶貿易
　　　　1 7 5 7

関連人物 マテオ=リッチ…イエズス会最初の中国伝道者。

背景 明は宦官の専横や党争に明け暮れ、**後期倭寇**の活動や豊臣秀吉の朝鮮侵略、さらに女真人の侵略などで国力が疲弊した。

結果 1644年、**李自成**が北京を占領。**崇禎帝**が紫禁城で自殺して**明が滅亡**。清に降伏した呉三桂らにより清軍は北京に入城し、乱を鎮定した。

!　関連事項

明末には、宦官の専横を批判する**東林派**と、宦官と組んだ官僚勢力の**非東林派**が対立して党争を繰り返し、明の衰退を招いた。なお、東林派の名は、東林書院という学問所に由来する。

背景 16世紀、ポルトガル人が**マカオ**に来航。

経過 17世紀に**オランダ**が台湾を占領したが、1661年、明の遺臣鄭成功がオランダ勢力を破って台湾を占領した。

結果 **康熙帝**は、鄭成功の死後の1683年、台湾を征服して**台湾府**を置いた。

!　関連事項

清は、**康熙帝・雍正帝・乾隆帝**の代が最盛期だった。満洲人と漢人を役職に同数任命する**満漢併用制**をとり、**軍機処**が新設され、藩部を統括する**理藩院**が整備された。

内容 ロシアがシベリアに進出、**清の康熙帝**と**ピョートル1世**が1689年に**ネルチンスク条約**を結び、外興安嶺を国境とした。

経過 清の**雍正帝**はロシアとの**キャフタ条約**でモンゴル方面の国境を画定し、**乾隆帝**は清の最大版図を実現した。

▲清の領域

背景 **典礼問題**で、康熙帝はイエズス会のみ布教を認めたが、雍正帝はキリスト教布教を禁止した。

経過 1757年、乾隆帝は貿易港を**広州**1港に限り、**公行**といわれる特権商人組合に担当させた。

結果 18世紀、**茶貿易**で多額の銀が清に流入。税制が**一条鞭法**から**地丁銀**にかわった。

🔍　もっとくわしく

孔子の崇拝を認めるイエズス会の布教方法をカトリック諸派の宣教師が批判し、教皇が否定したのが**典礼問題**の発端。清は反発し、1724年には、キリスト教布教を全面的に禁止した。

☑①ムハンマドがメディナに移住したのは西暦何年か？ | ① 622年

☑②750年にウマイヤ朝を倒して成立したのは何朝か？ | ② アッバース朝

☑③1206年に建国した奴隷王朝（どれい）以降の、デリーを都としたイスラーム王朝をまとめて何というか？ | ③ デリー＝スルタン朝

☑④1492年に国土回復運動が完了したイベリア半島におけるイスラーム最後の拠点はどこか？ | ④ グラナダ

☑⑤西ローマ帝国が滅亡したのは西暦何年か？ | ⑤ 476年

☑⑥カール大帝が帝冠（ていかん）を授かったのは西暦何年か？ | ⑥ 800年

☑⑦オットー1世が帝冠を受け、神聖ローマ帝国が成立したのは西暦何年か？ | ⑦ 962年

☑⑧1095年、十字軍の派遣が提唱された会議は？ | ⑧ クレルモン宗教会議

☑⑨1215年、イギリスの貴族がジョン王に認めさせ、立憲政治の出発点となったのは何か？ | ⑨ 大憲章（マグナ＝カルタ）

☑⑩1339年、フランスのヴァロワ朝成立に対し、イギリス王が王位継承を主張して始まった戦争は何か？ | ⑩ 百年戦争

☑⑪コロンブスが西インド諸島に着いたのは西暦何年か？ | ⑪ 1492年

☑⑫1534年に首長法を制定したイギリス国王は誰か？ | ⑫ ヘンリ8世

☑⑬1618年に始まったドイツの宗教戦争は何か？ | ⑬ 三十年戦争

☑⑭ウェストファリア条約が結ばれたのは西暦何年か？ | ⑭ 1648年

☑⑮オーストリアのマリア＝テレジアが外交革命を行い、プロイセンとの間で起きた戦争は何か？ | ⑮ 七年戦争

☑⑯960年、北宋（ほくそう）を建国した後周（こうしゅう）の武将は誰か？ | ⑯ 趙匡胤（ちょうきょういん）

☑⑰北宋で新法と呼ばれる改革を行ったのは誰か？ | ⑰ 王安石（おうあんせき）

☑⑱国号（げ）を元と改め、1279年に南宋（なんそう）を滅ぼしたのは誰か？ | ⑱ クビライ

☑⑲元滅亡のきっかけとなった1351年の反乱は？ | ⑲ 紅巾の乱（こうきんのらん）

☑⑳靖難（せいなん）の役（えき）により1402年に即位した明（みん）の皇帝は誰か？ | ⑳ 永楽帝（えいらくてい）

☑㉑明が李自成（りじせい）の北京（ペキン）占領により滅びたのは西暦何年か？ | ㉑ 1644年

☑㉒1689年にロシアとネルチンスク条約を結んだ清の皇帝は誰か？ | ㉒ 康熙帝（こうきてい）

Chapter

03

諸地域の結合・変容

敵国イギリスを
ヨーロッパ市場から
追い出すため
大陸封鎖令を出す

ナポレオン

19世紀 大量の
アヘンがインドから
清に密輸されていた

周囲の国々は
絶対に反対しますぞ！

いやまるで無（1806）
謀な策です陛下！

これから広州の
アヘンはすべて
没収・廃棄だ！

アヘンによる被害を
人（ひと）は知れ（1840）！

林則徐

では
代案があるのか？
あるなら言ってみろ
言えないなら
クビだ～っ！

そんなことをしたら
イギリスから必ず
報復されますよ?!

フン 私に怖いものはない
イギリスなど眼中にないわ！

それでは陛下の口を
封鎖しま～す

ムググッ

あっゴ●ブリ発見

オーマイガー
プリーズヘルプミー

英語の発音 ネイティブ級

二月革命・十月革命
1917年 ▶p.134

ニューディール政策実施
1933年 ▶p.142

今年は私にとって本当に激動の一年だった

レーニン

私は恐慌対策を説くさみん（1933）なにニューディール！

フランクリン＝ローズヴェルト

二月にはロマノフ王朝崩壊す

宮殿を去る皇帝一家

ニコライ2世

大統領！ニューディールってどのような意味なんですか？

十月にソヴィエト政府誕生す

政権から追われる臨時政府の人々

ケレンスキー首相

それに例えて政府が新たな経済政策で富を国民に分配するという意味なのだ

実演つきで説明しよう本当はトランプで親がカードを配って新しいゲームを始めることだ

革命で一句唱（1917）えたレーニンさん

三句詠んでるじゃん！

いや

ところで大統領このトランプの歴史上の人物ですか？描かれている男は何者？

もしかしてアメリカの

America First

177 ★ 1765 年　イギリス、印紙法の制定

印紙法 非難無効の 植民地
いんしほう　ひなんむこう　しょくみんち
　　　　　1　7　6　5

関連年代　1764年…砂糖法の制定。

178 ★ 1773 年　ボストン茶会事件

ボストン港 非難波立つ ティーパーティー
こう　ひなんなみだ　　　　　　　茶会
　　　　1　7 73

関連年代　1774年…イギリスがボストン港を閉鎖。

179 ★ 1776 年　アメリカ独立宣言

アメリカに いいななろうよ 独立で
　　　　　1　7　7　6　　どくりつ

関連人物　トマス=ペイン…『コモン=センス』で、独立の気運を高めた。

180 ★ 1787 年　アメリカ合衆国憲法の制定

憲法に 非難は無しと 合衆国
けんぽう　ひなんはなし　がっしゅうこく
　　　　1　7　8　7

関連人物　モンテスキュー…『法の精神』で三権分立論を主張。

背景 イギリス本国は、**七年戦争**後の財政難から、北米13植民地への課税強化をはかった。

内容 課税強化策として、1764年に**砂糖法**、1765年に**印紙法**が制定された。

結果 13植民地が「**代表なくして課税なし**」として猛反発したため、印紙法は翌年撤廃された。

もっとくわしく

植民地側は、「植民地は本国議会に代表を送っていないので、本国政府は植民地に課税する権利を持たない」と主張して、印紙法に反対した。

背景 イギリス本国による**茶法**などの課税強化に、北米13植民地で反対運動が高まった。

経過 1773年、茶法に反対するボストン住民が東インド会社船の積荷の茶箱を海に投棄した。

結果 翌年、植民地代表が**フィラデルフィア**で第1回**大陸会議**を開いた。

もっとくわしく

この事件以降、英本国と植民地の対立が明確になった。独立支持派を**愛国派**、本国支持派を**国王派（勤王派）**という。第1回大陸会議では、本国との通商断絶同盟の結成が宣言された。

経過 1775年、**レキシントン**とコンコードで軍事衝突が起こり、**アメリカ独立戦争**が始まった。翌年**7月4日**、大陸会議はジェファソンらの起草した**独立宣言**を採択した。

結果 **ワシントン**を司令官とした植民地軍は、1781年の**ヨークタウンの戦い**に勝利した。

もっとくわしく

独立戦争は、**フランスの参戦**、北欧諸国を主とする**武装中立同盟**、**義勇兵**の参加など、国際的支援を受けた。**1783年のパリ条約**でアメリカ独立が承認された。

背景 1783年の**パリ条約**で、北米13植民地の独立が承認され、**ミシシッピ川以東**が領土となる。

内容 連邦主義と州権主義の意見の対立が続いたが、1787年、**連邦主義**とモンテスキューの**三権分立**を採用した最初の近代的成文憲法となる**合衆国憲法**ができた。

関連事項

当初、13植民地の寄せ集めだったアメリカは、まだ国家としてのまとまりができていなかった。そのため、権限を拡大した強力な連邦政府をつくろうという気運が高まった。

181 ★★ **1789** 年　バスティーユ牢獄襲撃、フランス革命

フランスで **非難爆発 革命だ**
　　　　　1　7　89

> 関連年代　1791年…ルイ16世のヴァレンヌ逃亡事件。

182 ★ **1794** 年　テルミドールの反動

出る涙　人泣く世を去る　ピエールを
テルミドール　1　7　9　4　　　　ロベスピエール

> 関連年代　1792～1804年…フランス第一共和政。

183 ★ **1798** 年　ナポレオンのエジプト遠征

エジプトで 非難悔しい ナポレオン
　　　　　　1　7　98

> 関連年代　1799年…英・露・墺などが第2回対仏大同盟を結ぶ。

184 ★★ **1804** 年　ナポレオン、皇帝になる

ナポレオン 威張れよ皇帝 帝政だ
　　　　　　1　8　0　4

> 関連人物　ネルソン…トラファルガーで仏艦隊を破った英提督。

内容 1789年、**ルイ16世**が三部会(さんぶかい)を招集するが、第三身分は身分別議決法に反対して**国民議会**を結成した。7月14日、パリ民衆が**バスティーユ牢獄**を襲撃した。

経過 8月、国民議会は**人権宣言**を採択。**ミラボー、ラ=ファイエット**らが立憲君主政をめざす。

▲バスティーユ牢獄の襲撃

背景 1791年に開かれた**立法議会**は共和政に向かう。オーストリアなどが侵入し、革命が危機に直面した際、**国民公会**が成立した。

内容 **ロベスピエール**ら急進共和主義の**ジャコバン派**が**恐怖政治**(きょうふ)をしくが、1794年7月、穏健(おん)(けん)派のクーデタで倒された。

🔍 **もっとくわしく**

ジャコバン派政権は、**封建地代の無償廃止**(む(しょう))などの政策を行った。一方で公安委員会を中心に、**徴兵制**(ちょうへいせい)、**革命暦の採用**などを強行するとともに、多くの反対派を処刑した。

背景 **テルミドールの反動**後、**総裁政府**(そうさい)は不安定で、軍人の**ナポレオン**が台頭する。

結果 イタリア遠征後の1798年、彼は**エジプト**に遠征したが、イギリス艦隊に敗れ帰国。翌年の**ブリュメール18日のクーデタ**で実権を握る。**統領政府**(とうりょう)が成立し、フランス革命は終結した。

⚠ **関連事項**

オスマン帝国領エジプトへのフランス軍の突然の侵入は、イスラーム世界にとっても一大衝撃(しょうげき)だった。陸上ではイギリスとオスマン帝国軍を破ったが、海上ではアブキール湾の海戦で敗れた。

内容 1802年にナポレオンは**終身統領**となった。1804年には国民投票で**フランス皇帝**となり、**第一共和政**は第一帝政に移行した。

結果 1805年の**トラファルガーの海戦**で英艦隊に敗れたが、墺・露との**アウステルリッツの三帝会戦**に勝利し、翌年プロイセンも破って大陸を支配。

⚠ **関連事項**

1806年にライン同盟の結成によって**神聖ローマ帝国**は消滅した。ナポレオンはプロイセン・ロシア連合軍を破ったのち、**ティルジット条約**を結び、**ワルシャワ大公国**を建てた。

185 ★ **1806** 年　大陸封鎖令の制定

ナポレオン いやまるで無謀な 封鎖令
　　　　　　1 8 0 6

> 関連人物　シュタインとハルデンベルク…プロイセン改革を実施。

186 ★ **1812** 年　ナポレオンのロシア遠征

ナポレオン 雪いっぱいに ロシア去る
　　　　　　1 8 1 2

> 関連年代　1813年…欧州の国々が第4回対仏大同盟を結ぶ。

187 ★ **1813** 年　ライプツィヒの戦い（解放戦争）

ライプツィヒで 人は勇みて 仏倒す
　　　　　　1 8 13

> 関連年代　1815年…ワーテルローの戦い。

188 ★★ **1814** 年　ウィーン会議

ウィーン会議 いやいい世だね 復古主義
　　　　　　1 8 1 4

> 関連人物　アレクサンドル1世…神聖同盟を主唱したロシア皇帝。

内容 ナポレオンは、フランスの大陸市場独占のために、1806年、諸国のイギリスとの通商を禁止する**大陸封鎖令**を出した。

結果 フランスの市場独占の動きに諸国が反発。**スペインでは反乱**が起き、プロイセンでは農民解放などの**プロイセン改革**が起こった。

！ 関連事項

大陸封鎖令はイギリスに打撃を与える目的で出されたが、海外市場を持ち、産業革命が進行していたイギリスに対してはそれほど効果はなかった。

背景 **大陸封鎖令**によって市場を失ったロシアが、イギリスへ穀物を輸出した。

内容 大陸封鎖令に違反したロシアへ制裁のために、60万の大軍で遠征した。

結果 モスクワを占領したが、ロシアの**焦土戦術**（しょうど）で退却、帰途受けた追撃（かいめつ）で壊滅状態になった。

！ 関連事項

ロシア遠征の失敗をきっかけに、イギリス・プロイセン・オーストリア・ロシアなどヨーロッパの国々は第4回対仏大同盟を結成し、**解放戦争**（諸国民戦争）に立ちあがった。

経過 ロシア遠征の失敗後、第4回対仏大同盟が結成され、各国が次々に反抗する。1813年、ナポレオンは**ライプツィヒの戦い**で列国に敗れ、翌年には**エルバ島**に流された。

結果 再挙したナポレオンは**ワーテルローの戦い**で敗れ、**セントヘレナ島**に流された。

Q もっとくわしく

ナポレオンが最初に流された**エルバ島**は地中海、彼が没した**セントヘレナ島**は南大西洋の孤島である。彼がエルバ島を脱出してから再び退位するまでの支配を**百日天下**という。

内容 1814年、墺外相（おう）**メッテルニヒ**が主催した、フランス革命後の秩序再建の国際会議。

結果 仏外相**タレーラン**の**正統主義**（せいとう）が会議を主導、復古と反動を基調とする**ウィーン体制**が成立。**神聖同盟**（えいろふ）、英露普墺の**四国同盟**（しこく）がこれを補強し、自由主義・ナショナリズム運動を抑圧した。

Q もっとくわしく

タレーランは**正統主義**で、革命前の主権・領土の復帰を主張し、敗戦国フランスに外交的勝利をもたらした。また、**勢力均衡**（きんこう）がもう一つの基本原則となった。

189 ★**1821**年　ギリシア独立戦争が始まる

ギリシア人　いっぱつ戦だ　オスマンと
1　　8　2　1

関連年代　1830年…ロンドン会議でギリシアの独立承認。

190 **1823**年　アメリカのモンロー宣言(教書)

モンローが　いやに見事に　宣言し
1　8　2　3

関連人物　シモン=ボリバル…ラテンアメリカ独立運動を指導。

191 **1829**年　イギリス、カトリック教徒解放法の制定

旧教の　人は福あり　解放法
1　8　29

関連年代　1828年…審査法の廃止。

192 ★**1830**年　フランスの七月革命

七月に　もういや去れよ　フランス王
1　8　3　0　　　シャルル10世

関連年代　1830年…シャルル10世のアルジェリア出兵。

背景 ドイツの学生組合**ブルシェンシャフト**やイタリアの秘密結社**カルボナリ**など、各国で自由主義運動が起こるが、鎮圧される。

内容 1821年、**ギリシア独立戦争**が始まり、英仏露の支援で1829年にオスマン帝国から独立。以後、ナショナリズム運動が高まった。

! 関連事項

ロシアでは、1825年、青年将校の自由主義運動が起きた。これを**デカブリスト**（十二月党員）の乱という。農奴制やツァーリズムの廃止を要求したが、ニコライ1世に鎮圧された。

背景 19世紀初め、ラテンアメリカ諸国が相次いで独立し、ヨーロッパ諸国が干渉を試みる。

内容 アメリカ大統領**モンロー**は、**相互不干渉**を唱えてヨーロッパの南北アメリカ諸国への干渉を阻み、以後、アメリカの外交原則となった。イギリスの**カニング外相**はこれを支持した。

! 関連事項

ラテンアメリカは、メキシコ以南のスペイン・ポルトガルの旧植民地だった地域をさす。ラテンアメリカ独立運動の中心となったのは**クリオーリョ**と呼ばれる現地の白人たちであった。

背景 ウィーン体制下のイギリスでは自由主義的改革が進められた。**審査法**の廃止で、カトリック教徒を除く非国教徒の公職就任が認められた。

結果 アイルランドの**オコネル**らの努力で、**カトリック教徒解放法**が制定され、カトリック教徒の公職就任が可能になった。

! 関連事項

このころ、イギリスでは**自由貿易政策**も進められた。1846年に外国産穀物に高い関税を課す**穀物法**が廃止され、1849年には**航海法**も廃止された。

内容 1830年、**復古王政**のブルボン家**シャルル10世**の反動政治に対してパリ市民が蜂起し、自由主義的貴族であるオルレアン家の**ルイ＝フィリップ**が即位して**七月王政**が成立した。

結果 一部の富裕層の利益中心の政治が行われたため、中小資本家や労働者の不満が高まった。

! 関連事項

七月革命の影響はヨーロッパ各地に広まり、**ベルギー**がオランダからの独立を宣言した。また、**ポーランド・ドイツ・イタリア**で反乱が起こった。

193 ★**1832**年　イギリスの第1回選挙法改正

選挙法 嫌味に思い 議席増
　せんきょほう　いやみ　おも　ぎせきぞう
　　　　　18　3　2

関連年代　1928年…第5回選挙法改正（21歳以上の男女に選挙権）。

194 **1833**年　イギリス、工場法の制定

工場の 違反見定め 保護をする
　こうじょう　いはんみさだ　ほご
　　1　8　3　3　　　労働者保護

関連人物　ロバート＝オーウェン…工場法制定に尽力した。

195 ★★**1848**年　フランス二月革命

フィリップ いやよやっぱり 共和政
ルイ＝フィリップ　　　　　　きょうわせい
　　　　　　　　　　1　8　4　8

関連人物　ルイ＝ブラン…臨時政府に参加した社会主義者。

196 **1852**年　ナポレオン3世の第二帝政

ルイさんは いいハンコつき 皇帝に
ルイ＝ナポレオン　　　　　　　こうてい*
　　　　　　　1　8　5　2　　第二帝政
＊ルイ＝ナポレオンは皇帝に即位した際、ナポレオン3世と称した。

関連年代　1861〜67年…ナポレオン3世のメキシコ出兵。

背景 産業革命の進行で、**マンチェスター**などの工業都市が発展し、**産業資本家**が台頭する。

結果 1832年、グレイ内閣は**腐敗選挙区を廃止**して都市の議席を増やす**第1回選挙法改正**を行い、有権者が3％から4.5％に増加。1830年代後半から労働者は**チャーティスト運動**を起こした。

! 関連事項

イギリスの隣国アイルランドは1801年、イギリスに併合された。しかし、アイルランド人への差別や大飢饉で移民が増えるなど問題が大きくなり、**自治・独立運動**が起こった。

背景 産業革命の進展で、**資本主義**体制が確立し、資本家が利益を追求する一方、労働者は劣悪な環境での労働を強いられていた。

内容 1833年に**工場法**が制定され、13歳未満の9時間労働、18歳未満の夜間労働禁止、18歳以下の12時間労働などが規定された。

! 関連事項

その後、1844年には8〜12歳の6時間半労働、女性の12時間労働が定められた。さらに、1847年には、女性・子どもの10時間労働が規定された。

内容 1848年の2月、選挙法改正の要求拒否でパリ市民が蜂起して**七月王政**が倒れ、**第二共和政**が成立した。しかし6月の労働者蜂起が鎮圧されて、革命は終息した。

結果 ウィーンやベルリンの**三月革命**では、**メッテルニヒが追放**され、**ウィーン体制が崩壊**。

! 関連事項

「諸国民の春」といわれる、ヨーロッパ各地で起こった1848年の諸革命では、**労働者**が政治勢力として登場した。市民階級が君主と妥協する新傾向が見られた。

内容 第二共和政の大統領に当選したナポレオンの甥**ルイ=ナポレオン**は、1851年にクーデタを起こした。翌年には国民投票で皇帝となり、**第二帝政**が始まった。

結果 国民各層の人気を得ようと、**クリミア戦争**や**インドシナ出兵**など対外政策を展開した。

🔍 もっとくわしく

労働者・市民・農民など諸勢力の調整者としてふるまう独裁体制を**ボナパルティズム**という。メキシコ出兵の失敗が**ナポレオン3世**の衰退のきっかけとなった。

197 ★ **1853** 年　クリミア戦争が始まる

まいった！

クリミアで もういや降参 ロシア軍
1　8　5　3

関連年代　1856年…パリ条約でロシアの南下政策を阻止。

198 ★ **1861** 年　イタリア王国の成立

こっち向いて！

イタリアに 日は向いてきて 統一だ
イタリア王国　　　1　8　6　1

関連人物　カヴール…サルデーニャ首相でイタリア統一を主導。

199 ★ **1861** 年　アメリカ、南北戦争が始まる

くる

南北戦 人は向いたよ リンカンに
南北戦争　1　8　6　1　　　リンカン大統領

関連年代　1862年…ホームステッド法の制定。

200 ★ **1861** 年　ロシアの農奴解放令

でしょ1位

のど自慢 いや6位だよ アレクさん
農奴解放令　　　1　8　6　1　　　アレクサンドル2世

関連人物　ニコライ1世…アレクサンドル2世の父。

内容 黒海・バルカン半島への**南下政策**をとる
ロシアは、オスマン帝国内のギリシア正教徒の
保護を口実にオスマン帝国に宣戦した。
結果 英仏両国はオスマン側に立って参戦し、ロ
シアの**セヴァストーポリ要塞**を攻撃し陥落させた。
ロシアは南下を止められ近代化の必要を痛感。

!　**関連事項**

オスマン帝国は、19世紀
に入ると勢力が衰退した。
支配下の諸国民の独立運動
は、列国の干渉を招き、国
際的問題となった。これを
「東方問題」という。

経過 サルデーニャ王国のヴィットーリオ=エマ
ヌエーレ2世は、フランスの支援でオースト
リアと戦い、1859年に**ロンバルディア**を獲得。
1860年には中部イタリアを併合した。
結果 1861年、**ガリバルディ**は占領した**両シチ
リア王国**を王に献上し、**イタリア王国**が成立した。

!　**関連事項**

イタリア王国成立後、**ヴェ
ネツィアを併合し、教皇領
を占領**して、国家統一が実
現した。トリエステ・南チ
ロルなどの未回復地域は、
「未回収のイタリア」と呼ば
れた。

背景 産業革命の進む北部の**保護貿易主義**とイ
ギリスへ綿花を輸出する**南部の自由貿易主義**が
対立。北部は**奴隷制**拡大にも反対した。
内容 共和党の**リンカン**が大統領になると、**南部
11州**がアメリカ連合国をつくり南北戦争が始ま
った。**ゲティスバーグの戦い**の後、1865年終結。

!　**関連事項**

南北戦争の原因は、貿易政
策、つまり経済の問題であ
った。リンカンが発表した
奴隷解放宣言は、1863年
になって出された。なお、
リンカンは1865年の戦争
終結後に暗殺された。

内容 クリミア戦争敗北後、皇帝**アレクサンドル2
世**は"上からの近代化"を進め、**農奴解放令**を出す。
結果 身分の解放は有償だったため、不徹底に
終わる。その後、**インテリゲンツィア(知識人)**
による**ナロードニキ(人民主義者)**の民衆啓蒙運
動が始まったが、行きづまった。

🔍　**もっとくわしく**

"人民の中へ(ヴ=ナロード)"
という知識人の運動が行き
づまると、一部は**テロリズ
ム**へ向かい、1881年にア
レクサンドル2世は暗殺さ
れた。

201 ★1866年 プロイセン=オーストリア(普墺)戦争

普墺戦 人はろくろく 眠れずに

1 8 6 6

関連年代 1864年…デンマーク戦争が起こる。

202 1869年 アメリカ、大陸横断鉄道の開通

鉄道の 線は無休で 横断し

1 8 6 9

関連年代 1848年…メキシコからカリフォルニアを獲得。

203 ★1870年 ドイツ=フランス(独仏)戦争*

バチッ バチッ

ビスマルク 火花を散らす 独仏戦

1 87 0

＊プロイセン＝フランス戦争(普仏戦争)とも呼ばれる。

関連年代 1871年…ドイツがフランスからアルザス・ロレーヌを獲得。

204 ★1871年 ドイツ帝国の成立、パリ=コミューン

パリ=コミで 一晩泣いて 政権だ

1 8 7 1

関連人物 ヴィルヘルム1世…初代ドイツ帝国皇帝。

背景 デンマーク戦争後、小公国のシュレスヴィヒはプロイセン、同じく小公国のホルシュタインはオーストリアの行政下に置かれた。

内容 **シュレスヴィヒ・ホルシュタイン**の帰属問題をきっかけに、プロイセンはオーストリアと開戦し、圧勝した。

🔍 **もっとくわしく**

普墺戦争後、プロイセンがドイツ統一の主導権を握った。オーストリアは、ハンガリーの自立を認めて、同君連合の**オーストリア＝ハンガリー帝国**（二重帝国）が成立した。

経過 アメリカでは西部の発展にともない、東西を結ぶ最初の**大陸横断鉄道**が開通した。

結果 西部開拓（かいたく）がさらに進展し、経済的統一が促進された。

参考 大陸横断鉄道敷設では、中国系移民がその労働力とされた。

▲西部開拓の進行

経過 ビスマルクの**鉄血政策**（てっけつ）でドイツ統一が進み、1866年の普墺戦争でオーストリアを破り、同国を排除した**北ドイツ連邦**を結成。ドイツ統一を阻（はば）もうとする**ナポレオン3世**と対立した。

結果 ナポレオン3世が**スダン**（セダン）で捕虜（りょ）となり、フランス**第二帝政**は崩壊（ほうかい）した。

！ **関連事項**

ドイツでは、1834年結成の**ドイツ関税同盟**で経済の統一が進み、1850年代には産業革命が進んだ。こうした中で、ビスマルクは軍備拡張を強行した。

内容 パリ攻囲中、ドイツ軍は**ヴェルサイユ宮殿**で皇帝の即位式を行い、**ドイツ帝国**が成立。

結果 開城後、**臨時政府**の対ドイツ講和に反対したパリの労働者が蜂起（ほうき）し、**パリ＝コミューン**という世界史上初の労働者政権ができたが、政府軍に鎮圧（ちんあつ）された。

！ **関連事項**

1870年からのフランス**第三共和政**は、1940年まで続いた。1875年に可決された第三共和政憲法は、三権分立などを規定した民主的なものだった。しかし、小党分立（ひんぱん）で内閣が頻繁に交代した。

ヨーロッパ・アメリカ

---

205 ★★ **1877** 年 　ロシア=トルコ（露土）戦争が始まる

ロシアから いやな難癖 トルコ負け
　　　　　　 1　8　7　7

関連年代 ｜ 1853年…クリミア戦争が始まる。

---

206 ★★ **1878** 年 　ベルリン会議の開催

ベルリンで いやな約束 ロシア受け
　　　　　　 1　8　7　8

関連年代 ｜ 1873年…独・墺・露による三帝同盟の成立。

---

207 ★★ **1882** 年 　三国同盟の成立

三国が ひとつ派閥に 独・墺・伊
　 1　　8　8　2

関連年代 ｜ 1887年…ドイツ・ロシア間で再保障条約を結ぶ。

---

208 **1890** 年 　フロンティアの消滅

もうないの 人はくれという フロンティア
　　　　　 1　8　9　0

関連年代 ｜ 1886年…アメリカ労働総同盟（AFL）の結成。

内容 ボスニア・ヘルツェゴヴィナで反乱が起こると、スラヴ民族の保護を口実にロシアがオスマン帝国と開戦した。

結果 サン=ステファノ条約でルーマニア・セルビア・モンテネグロの独立が承認され、ロシアはブルガリアを保護下に置いた。

! 関連事項

19世紀半ばから、スラヴ民族の統一・連合をめざすパン=スラヴ主義がさかんになった。ロシアは南下政策に利用するためにこれを援助した。

背景 露土戦争後のロシアの東地中海・バルカン進出にイギリス・オーストリアが反対した。

内容 ビスマルクがベルリン会議を開催し、各国の利害を調整した。

結果 サン=ステファノ条約は破棄され、ベルリン条約でロシアの南下政策は阻止された。

! 関連事項

フランスの孤立化をはかるビスマルクは、"誠実な仲買人"と自称したが、終始イギリス寄りの立場であった。イギリスはキプロス島の行政権を獲得するなど、大きな成果を得た。

経過 1881年にフランスがチュニジアを保護国化し、イタリアと対立した。

内容 ビスマルクは、フランスを孤立させるために、ドイツ・オーストリア・イタリア間で三国同盟を結んだ。しかし、オーストリアとイタリアは領土問題で対立していた。

! 関連事項

独・墺・露の三帝同盟、独・墺・伊の三国同盟、三帝同盟消滅後の独・露の再保障条約を結んだドイツの複雑な同盟網をビスマルク体制という。

背景 アメリカでは西部開拓が進展し、1869年に大陸横断鉄道が開通した。

内容 フロンティアの消滅が1890年に宣言された。

結果 対外的には海外進出が開始され、国内では工業が躍進し、19世紀末には世界一の工業国となった。

! 関連事項

移民がアメリカの工業発展に大きな役割を果たした。1880年代までは北欧・西欧からが多かったが、それ以降は新移民と呼ばれる東欧・南欧からの移民が急増した。

209 ★1757年　英仏、プラッシーの戦い

プラッシー　一難御難も　英の勝ち
　　　　　　　1　7　5　7

関連年代　1664年…コルベールがフランス東インド会社を再建。

210 ★1840年　アヘン戦争が始まる

アヘン禍を　人は知れよと　林則徐
　　　　　　1　8　4　0

関連年代　1792年…イギリス、マカートニーを清に派遣。

211 ★1851年　太平天国の乱が起こる

洪秀全　人は恋せよ　上帝に
　　　　1　8　51　　　（ヤハウェ）

関連人物　曽国藩・李鴻章・左宗棠…乱の鎮圧後、洋務運動を推進。

212 ★1856年　アロー戦争（第2次アヘン戦争）が始まる

アロー戦　一夜口論　英仏軍
アロー戦争　1　8　5　6

関連人物　ムラヴィヨフ…ロシアの政治家。清朝と条約交渉を行う。

内容 七年戦争と並行して始まった。1757年、イギリス東インド会社書記**クライヴ**が、この戦いで**フランスとベンガルの王侯軍**を破り、イギリスのインド支配権が確立した。

結果 以後、イギリス東インド会社は、ムガル皇帝から**ベンガル地方の徴税権**を得て統治に乗り出す。

! **関連事項**

イギリスのインド支配の拠点は、**ボンベイ（ムンバイ）・マドラス・カルカッタ（コルカタ）**。フランスの拠点は**ポンディシェリ、シャンデルナゴル**。

内容 イギリスの三角貿易による**アヘン密貿易**の急増で清から銀が流出。清がアヘン貿易を禁止し、**林則徐**がアヘンを処分すると、イギリス艦隊が清を攻撃。

結果 1842年の**南京（ナンキン）条約**で、清はイギリスに**香港島（ホンコン）を割譲（かつじょう）、上海（シャンハイ）・寧波（ニンポー）など5港を開港**、公行の廃止などを認めた。

! **関連事項**

1843年に、清はイギリスと**領事裁判権、片務的最恵国待遇**などを認める**不平等条約**を結んだ。翌年、同内容の**望厦（ぼうか）条約**をアメリカと、**黄埔（こうほ）条約**をフランスと結んだ。

経過 1851年、**上帝会（じょうていかい）の洪秀全（こうしゅうぜん）**が広西省で挙兵。**滅満興漢（めつまんこうかん）**を唱えて**太平天国**を建てた。都は**天京（てんけい）（南京）**。

結果 清朝は、漢人官僚の**曽国藩・李鴻章**らの**湘勇（しょうゆう）・淮勇（わいゆう）など義勇軍（郷勇（きょうゆう））**や、アロー戦争後は列強の支援も得て1864年に乱を平定した。

! **関連事項**

太平天国は、アヘン吸飲の廃止、**天朝田畝（てんちょうでんぼ）制度**などを唱えた。乱後、国内は「**同治（どうち）の中興**」といわれる一時的な安定を見せ、富国強兵をめざした**洋務運動**が始まった。

経過 アロー号事件で英仏が共同出兵。1858年の**天津（てんしん）条約**で10港開港、協定関税を決め、同年、ロシアは**アイグン条約**で**黒竜江以北（こくりゅうこう）**を獲得。

結果 1860年には、英仏軍が北京（ペキン）を占領し、そのときの**北京条約で外国公使の北京駐在**などを認めさせ、ロシアは**沿海州（えんかいしゅう）**を獲得した。

 もっとくわしく

アロー戦争は、清国官憲が英船籍の**アロー号**を海賊容疑により広州で臨検（りんけん）したこと、仏人宣教師が広西省で殺害されたことが、開戦の口実となった。

121

Century
B.C.
01
02
03
04
05
06
07
08
09
10
11
12
13
14
15
16
17
18
19
20
21

アジア・アフリカ

213 ★1857年　インド大反乱

あせっぽい 人は来ないで インドには
セポイ*　　　　1 8 5 7

*セポイ＝インド人傭兵(シパーヒー)の英語名

関連年代　**1877年**…インド帝国が成立。

214 ★1881年　ウラービー運動

ウラービー いややイギリス 抵抗だ
1 8 8 1

関連人物　**ムハンマド＝アリー**…エジプト近代化を推進した。

215 ★1884年　清仏戦争が始まる

清仏の 人は走るよ ベトナムへ
清仏戦争　1 8 84

関連人物　**阮福暎**…ベトナム最後の王朝である阮朝を建国。

216 ★★1894年　日清戦争が始まる

朝鮮の 人は苦心の 日清戦
1 8 9 4　　　日清戦争

関連人物　**金玉均**…清からの独立をめざした開化派の指導者。

経過 **イギリス東インド会社**の征服が進み、1857年、同社の**傭兵（シパーヒー）**の反乱が全国に拡大。
結果 反乱は鎮定され、翌年、**ムガル帝国は滅亡、東インド会社が解散**。1877年には**イギリス領インド帝国**が成立した。インド帝国の皇帝は、**ヴィクトリア女王**が兼ねた。

▲インド大反乱

内容 イギリスが**スエズ運河**買収後、エジプトの内政に干渉したため、外国支配に反抗した軍人**ウラービー**が運動を起こした。
結果 イギリスが単独出兵して鎮圧し、これ以後エジプトを事実上の**保護国**とし、1914年、正式に保護国化した。

! 関連事項

「エジプト人のためのエジプト」をスローガンに掲げたウラービー運動は、その後のエジプト民族運動の出発点となった。

経過 フランスは、1862年の**サイゴン条約**でコーチシナ東部を獲得、1883年の**フエ（ユエ）条約**でベトナムを保護国とし、宗主権を主張する清と対立。
結果 1885年の**天津条約**で、清は**ベトナムの宗主権**を失い、1887年には**フランス領インドシナ連邦**が成立した。

🔍 もっとくわしく

清仏戦争後、フランスは以前から保護国としていた**カンボジア**とベトナムと合わせて**フランス領インドシナ連邦**を成立させ、1899年に**ラオス**を編入した。

経過 **壬午軍乱**や**甲申政変**などで混乱する朝鮮の**宗主権**をめぐり、対立する日清両国は、1894年の**甲午農民戦争**（東学の乱）を機に開戦。
結果 翌年**下関条約**を結ぶが、**ロシア・フランス・ドイツ**の**三国干渉**で、日本は**遼東半島**を清に返還した。

🔍 もっとくわしく

下関条約で、清は**遼東半島**と**台湾**を日本に**割譲**した。また、日本は莫大な賠償金も獲得した。以後、日本は極東での南下政策をとるロシアと対立していった。

217 ★1885年　インド国民会議の結成

インド人　冷ややかごねて　反英化

インド国民会議　1　8　8　5

関連年代　1906年…全インド＝ムスリム連盟の結成。

218 ★1898年　アメリカ＝スペイン（米西）戦争

エッヘン

米西 戦　威張るキューバは　米の手に

アメリカ＝スペイン戦争　1　8　9　8

＊西＝スペインの略

関連年代　1889年…第1回パン＝アメリカ会議を開催。

219 ★1898年　ファショダ事件が起こる

ファショダ

くやしい～

ファショダにて　日焼け悔しと　フランス人

1　8　98

関連年代　1905・1911年…独仏のモロッコ事件。

220 ★1899年　南アフリカ戦争が始まる

あくせく

南ア戦　人は汲々　ブール人

1　8　9　9

＊汲々＝あくせくしてゆとりのないさま

関連人物　セシル＝ローズ…ケープ植民地の首相。

背景 インドのエリート層を中心に民族的自覚が芽生え、同時に、イギリスはこれらのエリート層を植民地支配に利用しようとした。

内容 **インド人の啓蒙（けいもう）と地位向上**を目的に、知識人や地主・商人らがボンベイ（ムンバイ）で**インド国民会議**を創設した。

⚠ 関連事項

当初、インド国民会議は、インド人の意見を諮問（しもん）する機関であり、穏健であった。しだいに民族運動がさかんになると、国民会議に参加した人々（国民会議派）は反英化していった。

背景 アメリカは、工業の発展と**フロンティアの消滅**にともない、**帝国主義的政策**を推進するようになった。

内容 **キューバ独立運動**に乗じ、1898年、スペインと開戦して勝利。キューバが独立し、アメリカは**フィリピン・グアム**などを獲得した。

⚠ 関連事項

米西戦争後、アメリカは**キューバ**を保護国化し、**セオドア＝ローズヴェルト**大統領は中米諸国に対する棍棒（こんぼう）外交、**パナマ運河建設着工**などの**カリブ海政策**を推進した。

経過 1880年代以降、アフリカの植民地化が進む。イギリスは**エジプト**を支配下に置き、南下する縦断政策をとった。フランスは西アフリカから東進する横断政策で対抗した。

内容 1898年、英仏がスーダンの**ファショダ**で衝突。フランスの譲歩（じょうほ）で解決した。

⚠ 関連事項

エジプトの**カイロ**、アフリカ南端の**ケープタウン**、インドの**カルカッタ**を結ぶイギリスの植民地政策を、3都市の頭文字をとって**3C政策**という。

背景 オランダ系ブール人の**トランスヴァール共和国**、**オレンジ自由国**で金やダイヤが発見され、イギリスはケープ植民地周辺へ侵攻した。

結果 イギリス植民相**ジョゼフ＝チェンバレン**は、**南アフリカ戦争**を起こし、両国を併合した。1910年には、**南アフリカ連邦**が成立した。

⚠ 関連事項

人種隔離（かくり）政策（アパルトヘイト）は、南アフリカ連邦成立時からとられた。南アフリカ共和国では、1991年にデクラーク大統領が撤廃するまで継続された。

221 ★1899年　アメリカ、中国の門戸開放政策

アメリカは　飛躍急進　開放中
　　　　　　　ひ やく きゅう しん　かい ほう ちゅう
　　　　　　　1 89 9　　　中国の開放

関連人物　マッキンリー…米西戦争時の第25代米大統領。
　　　　　　　　　　　　べいせい

222 ★★1904年　日露戦争が始まる
　　　　　　　　　　　にち ろ

同盟後　行くわよ日本　対露戦
どう めい ご　い　　　　　　にっ ぽん　たい ろ せん
日英同盟　　1 9 0 4

関連年代　1902年…日英同盟が成立。
　　　　　　　　　　にちえい

223 ★1905年　血の日曜日事件（第１次ロシア革命）

日曜日　ひどくおごれる　ニコライは
にち よう び　　　　　　　　　
　　　　　1 9 0 5　　　ニコライ2世

関連人物　ストルイピン…ロシア首相でミール解体などを実施。

224 ★★1907年　三国協商の成立

独墺の　行く罠しかけた　英仏露
どく おう　　い わな　　　　　えい ふつ ろ
ドイツ・オーストリア　1 9 07　　三国協商

関連年代　1882年…独・墺・伊による三国同盟の締結。
　　　　　　　　　　い

内容 アメリカは1898年のアメリカ=スペイン(米西)戦争で列強の中国分割に加われなかった。翌年、国務長官ジョン=ヘイが列強各国に中国の門戸開放・領土保全・機会均等を提唱する。

結果 これ以後、アメリカは中国市場への進出をはかった。

🔍 もっとくわしく

アメリカが唱えた「門戸開放」は"Open Door"の訳である。解放の"Liberation"とは意味が違う。あくまでも、アメリカが中国における自国の利益確保を求めた政策であった。

背景 朝鮮の支配をめぐって日本とロシアが対立し、日英同盟が結ばれた。

内容 日露両国が中国東北部で戦い、日本が旅順要塞を占領し日本海海戦で勝利したが、戦線膠着。

結果 1905年のポーツマス条約で、日本は遼東半島南部の租借権、南満洲の鉄道権益などを得た。

🔍 もっとくわしく

1906年、日本により南満洲鉄道株式会社(略称は「満鉄」)が設立された。旅順から長春までの鉄道を経営し、関東軍が警備にあたった。日本の中国大陸進出の要となる企業だった。

経過 専制政治の続くロシアで、日露戦争中の1905年、首都ペテルブルクでの民衆の請願デモへの発砲事件(血の日曜日事件)をきっかけに、革命が全土に広がった。

結果 各地でソヴィエトが結成されたが、国会開設と憲法制定の宣言で革命は鎮静化した。

❗ 関連事項

血の日曜日事件から約10ヵ月続いたこの革命運動を第1次ロシア革命と呼ぶ。なお、ソヴィエトとは「会議」の意。労働者・農民・兵士が直接参加し、ロシア革命の主体となった。

背景 ドイツ皇帝ヴィルヘルム2世は、ビスマルクを辞職させ、世界政策による3B政策、モロッコ進出など海外進出を推進した。

経過 1907年、英露協商が結ばれ、露仏同盟・英仏協商とあわせ三国協商が成立した。

結果 三国協商と三国同盟の対立が鮮明となる。

❗ 関連事項

英露協商では、イランの南北を各々の勢力範囲とし、アフガニスタンをイギリスの範囲とすることなどで妥協。英仏協商では、エジプトはイギリス、モロッコはフランスと相互に優越権を承認。

225 1898年 列強の中国分割が始まる

分割の 日は悔しいと 清政府
1 8 98

関連人物 光緒帝…当時の清朝皇帝(第11代)。

226 ★ 1898年 「戊戌の変法」が失敗する

戊戌年 飛躍破れた 康有為
1 89 8

*戊戌年＝年の表し方の1つで、1898年はこの年に当たる。

関連人物 梁啓超…康有為とともに変法運動に加わる。

227 ★ 1900年 義和団戦争が起こる

義和団が 行くオーオーと 北京城
1 9 0 0

関連年代 1897年…朝鮮が大韓帝国と改称した。

228 ★ 1905年 ベンガル分割令

分割令 ひどく怒った 急進派
1 9 05

関連年代 1911年…ベンガル分割令が撤回された。

背景 下関条約の賠償金支払いに苦しむ清朝の借款を通じて、列強各国は鉄道敷設権や鉱山採掘権などの利権を獲得した。

結果 ドイツが膠州湾、ロシアは旅順・大連、イギリスは九竜半島と威海衛、フランスは広州湾を租借。それぞれ勢力範囲を定めた。

> **！ 関連事項**
>
> 借款は、国と国との間で行われる資金貸し付けのこと。また、租借は領土を期限付きで割譲させることである。利権は鉱山開発や鉄道や港湾建設などの権益をさす。

内容 日清戦争で洋務運動の失敗が明らかになる。康有為らは立憲政体をめざす「変法自強」を上書し、光緒帝は戊戌の変法に着手する。

結果 西太后ら保守派はクーデタ（戊戌の政変）で改革派を失脚させ光緒帝を幽閉し、改革は挫折。康有為らは日本へ亡命した。

> **！ 関連事項**
>
> 洋務運動は「中体西用」を理念に技術のみの近代化をはかった。一方、変法運動は政治変革（保皇立憲）をめざした。政治改革をしなかったことによる国力低下を踏まえたものである。

内容 山東の義和団が「扶清滅洋」を唱え、列強の中国分割に反抗した。北京の列強公使館を包囲し、清朝も各国に宣戦布告した。

結果 8カ国連合軍が北京に進軍して占領する。1901年、北京議定書（辛丑和約）が結ばれ、清朝は賠償金4億5千万両を課され、財政が破綻。

> **！ 関連事項**
>
> 北京議定書では、列強軍隊の北京駐兵も定められた。のちの盧溝橋事件の日本軍はその駐屯軍であった。清の主権や経済的自由は奪われ、実質的に列強の植民地となった。

内容 イギリスが、反英運動のさかんなベンガル州をヒンドゥー・イスラーム両教の地域に分けるベンガル分割令を出し、運動の分断をはかった。

結果 反英闘争が激化し、国民会議のティラクら急進派が、カルカッタ大会で、英貨排斥・スワラージ・スワデーシ・民族教育の4綱領を採択した。

> **！ 関連事項**
>
> 激化した反英運動に対し、イギリスは1911年にベンガル分割令を撤回した。また、国民会議派の分断を試みる、首都をデリーに移すなどして、運動の鎮静化をはかった。

229 ★ **1908**年　　青年トルコ革命

立憲と　**自由来ればと**　トルコ党
りっけん　　じゅうく　　　　　とう
　　　　1　9　0　8

> 関連年代　**1876年…アジア初の憲法「ミドハト憲法」制定。**

230 ★ **1910**年　　韓国併合

韓国に　**ひどく非礼な**　**併合だ**
かんこく　　　ひれい　　へいごう
　　　　1　9　1　0

> 関連人物　**安重根**…初代韓国統監の伊藤博文を暗殺した。
> あんじゅうこん　　　　　　　とうかん　いとうひろぶみ

231 ★ **1911**年　　辛亥革命が始まる
しんがい

清が消え　**得意一杯**　**孫文さん**
しん　き　　　とくいいっぱい　そんぶん
辛亥革命　　19　1　1

> 関連人物　**袁世凱**…北洋軍閥の実力者で宣統帝を退位させた。
> えんせいがい　　ぐんばつ　　　　　せんとうてい

232 ★ **1912**年　　中華民国の成立

孫文さん　**得意になって**　**民国建て**
そんぶん　　　とくい　　　　みんこくた
　　　　19　1　2

> 関連年代　**1915年…日本が袁世凱政府に二十一カ条の要求を提出。**

内容 立憲主義をめざす「青年トルコ人」がクーデタを起こし、政権を獲得した。

結果 **ミドハト憲法**の復活と近代化を進めようとしたが政局が安定せず、保護国**ブルガリア**が独立し、オーストリアが**ボスニア・ヘルツェゴヴィナ**を併合するなど国際的緊張が増した。

! **関連事項**

ミドハト憲法の復活を認めたスルタンの**アブデュルハミト2世**は、革命の翌年、青年トルコの決定により廃位された。

背景 日露戦争後の1905年、**第2次日韓協約**で日本は韓国の保護権を獲得して外交権を奪った。1907年の韓国軍解散により各地で**反日義兵闘争**が激化し、日本の統治を困難にした。

結果 1910年、併合条約が結ばれて、**36年**にわたる日本による植民地支配が始まった。

! **関連事項**

第1次日韓協約が締結されたのは1904年、第3次は1907年である。なお、ソウルには、王宮をふさぐように**朝鮮総督府**の建物がつくられた。併合後は、軍人が総督となった。

背景 義和団戦争後、清朝が**憲法大綱の発表・国会開設の公約**などの改革を行う一方、孫文ら革命派は中国同盟会を結成し、**三民主義**を掲げた。

内容 **幹線鉄道国有化宣言**を機に、四川で暴動が起き、続いて**武昌**の新軍が蜂起して**辛亥革命**が始まった。

! **関連事項**

三民主義は「**民族独立・民権伸長・民生安定**」という基本理念である。また、同盟会結成時には「**駆除韃虜・恢復中華・創立民国・平均地権**」の四大綱領を定めた。

内容 **辛亥革命**が各地に広がり、革命軍は**孫文**を**臨時大総統**に選び、1912年、**南京**で**中華民国**の建国を宣言した。

結果 孫文は臨時大総統の職を**袁世凱**に譲り、清の**宣統帝**は退位した。その後、孫文らが結成した**国民党**と袁世凱は激しく対立した。

🔍 **もっとくわしく**

袁世凱は、孫文らの武装蜂起(第二革命)を鎮圧し、正式に大総統となり独裁化した。さらに、**帝位復活**をめざしたが、国内の強い反対や諸外国の不支持により失敗に終わった。

233 ★1912年 | 第1次バルカン戦争が起こる

トルコ軍 引く1次2次と バルカンを
1　9　1　2

関連年代 1912年…バルカン同盟の結成。

234 ★1914年 | サライェヴォ事件

サライェヴォ 戦苦の初めよ 一次戦
1　9　1　4　第一次世界大戦

関連年代 1908年…墺によるボスニア・ヘルツェゴヴィナ併合。

235 ★1914年 | 第一次世界大戦、マルヌの戦い

一次戦 引く意志見えぬ 西のマル
1　9　1　4　西部戦線のマルヌ

関連年代 1917年…アメリカがドイツに宣戦した。

236 ★1915年 | 中国に対する二十一カ条の要求

対中に 得意のゴネ得 二十一
19　1　5　二十一カ条の要求

関連年代 1918年…対ソ干渉戦争(シベリア出兵)。

内容 第1次バルカン戦争で、バルカン同盟は**オスマン帝国**に宣戦し、勝利した。

結果 1913年の第2次バルカン戦争では、同盟国間で**ブルガリア**の獲得した領土を奪いあった。領土の大半を失ったブルガリアはドイツに接近した。

!　**関連事項**

ロシアの**パン=スラヴ主義**、ドイツ・オーストリアの**パン=ゲルマン主義**が、バルカン各国の対立を煽りたてた。そのため、バルカン半島は「**ヨーロッパの火薬庫**」と称された。

内容 ボスニアの州都**サライェヴォ**でセルビア人の青年が**オーストリア帝位継承者夫妻**を暗殺。

結果 **オーストリア**が**セルビア**に**宣戦**したことから、ロシアがセルビア支援を表明。他の列強も参戦し、ドイツ・オーストリアと**三国協商国**間の世界大戦に発展した。

!　**関連事項**

当時の条約は秘密条約だった。内容はおろか、存在すら秘密のこともあり、結果的に多くの国の参戦を招いた。第二次世界大戦末期に結ばれたヤルタ協定も一部は秘密協定である。

経過 ドイツ軍のベルギー侵入で戦争が始まり、パリをめざす西部戦線のドイツ軍は、パリ侵攻を**マルヌ**で阻止された。東部戦線では、**タンネンベルク**でロシア軍に勝利したが、戦線膠着。

結果 **長期戦**となり、毒ガス・戦車・航空機などの**新兵器**が投入され、**総力戦**となった。

!　**関連事項**

オスマン帝国と**ブルガリア**は同盟国側、ドイツ・オーストリアと三国同盟を結んでいた**イタリア**は1915年に連合国側で参戦した。その後アメリカが連合国側で参戦した。

経過 日英同盟を口実に第一次世界大戦に参戦した日本は、ドイツの青島要塞を占領。1915年、袁世凱政権に、**山東のドイツ権益継承、満洲の権益の期限延長**などを含む**二十一カ条**を要求した。

結果 日本は武力を背景に要求を受諾させた。これにより、中国人の対日感情は急激に悪化した。

!　**関連事項**

世界大戦でヨーロッパ列強の勢力が後退したインドや中国では、**民族資本家**が成長した。彼らは外国資本と対立して、民族独立運動などに協力することも多かった。

237 ★ **1917** 年　ロシア、二月革命・十月革命

革命で 一句唱えた レーニンさん

二月革命・十月革命　1　9　17

> 関連人物　ケレンスキー…十月革命で倒された臨時政府の首相。

238 ★ **1917** 年　バルフォア宣言

バルフォアの 得意な口調 二枚舌

　　　　　　　19　1　7

> 関連人物　ロイド＝ジョージ…当時のイギリス首相。

239 ★ **1918** 年　米、ウィルソン大統領の十四カ条

十四の 自決説く人は ウィルソン

民族自決　1　9　1　8

> 関連年代　1920年…国際連盟が正式に発足した。

240 ★★ **1918** 年　ドイツ革命、第一次世界大戦の終結

キールにて 戦いやなの どいつかな

ドイツ北部の軍港　19　1　8　　　　ドイツ

> 関連人物　エーベルト…ドイツ共和国の初代大統領。

経過 **二月革命**で、**皇帝ニコライ2世が退位し**てロマノフ朝が倒れ、**臨時政府**が成立した。

結果 レーニンが革命をさらに進める方針（**四月テーゼ**）を示し、**十月革命でソヴィエト政権**が成立、「平和に関する布告」などが採択された。翌年、**憲法制定議会**を解散した。

もっとくわしく

ロシア暦（ユリウス暦）より約2週いグレゴリウス暦では、それぞれ**三月革命**、**十一月革命**という。ロシアでは、十月革命までユリウス暦が使われていたため、こうしたずれが生じる。

経過 大戦中、イギリスは1915年の**フセイン・マクマホン協定**で、戦後のアラブ人国家建設を約束し、1916年の**サイクス・ピコ協定**では、オスマン帝国領を英仏露で分割する密約を結ぶ。

内容 1917年の**バルフォア宣言**で、**ユダヤ人国家を建設する密約**を結んだ。

関連事項

20世紀初頭、**テオドール＝ヘルツル**らは、ユダヤ人国家の建設をめざす**シオニズム運動**を始めた。そのきっかけは、フランスで起きた反ユダヤ主義に基づくドレフュス事件であった。

背景 1917年、**ドイツが無制限潜水艦作戦**を始めるとアメリカが参戦する。ロシアでは十月革命が起きた。

内容 1918年、**ウィルソン**大統領は大戦終結のため、**海洋の自由、軍備縮小、民族自決、国際平和機構の設立**などを内容とする**十四カ条**を公表した。

▲ウィルソン大統領

内容 **キール軍港の水兵反乱**が革命に発展した。ドイツ皇帝が退位して**共和国政府**が成立、連合国と休戦協定を結び、大戦は終結した。

経過 1919年、共和国政府の**社会民主党**は軍部と結び、社会主義をめざす**スパルタクス団**を鎮圧。同年、共和国は**ヴァイマル憲法**を制定。

関連事項

ドイツ社会民主党は戦争に協力した。反戦革命を説いた**スパルタクス団**は、ドイツ共産党の前身で、さらなる革命を主張して武装蜂起した。

241 ★★**1919**年　ヴェルサイユ条約

ヴェルサイユ ドイツびくびく 賠償だ（ばいしょう）
1 9 1 9

関連人物　ウィルソン（米）、ロイド=ジョージ（英）、クレマンソー（仏）。

242 ★★**1919**年　朝鮮、三・一（さん・いち）独立運動が起こる

万歳の（ばんざい） 一句一句が（いっくいっく） 挑戦状（ちょうせんじょう）
1 9 1 9　　　　　朝鮮

関連年代　1910年…日本による韓国併合。

243 ★★**1919**年　中国、五・四運動が起こる

五・四運動（ご・し） 遠く行くのは（とお・い） 北京大（ペキンだい）
1919年5月4日　　1 9 1 9　　　北京大学

関連人物　李大釗（りたいしょう）…五・四運動を理論的に指導した思想家。

244 ★★**1919**年　非暴力抵抗運動が起こる

ガンディーは 素手で（すで） 行く行く（い・い） 非暴力（ひぼうりょく）
1 9 1 9

関連人物　ネルー…ガンディーに協力し、反英闘争を指導。

内容 1919年に**パリ講和会議**が開かれ、ドイツは、連合国との**ヴェルサイユ条約**で、**植民地放棄・領土の削減・軍備制限**と賠償金を課された。

結果 オーストリア=ハンガリー帝国も解体されて東欧諸国が独立した。こうした第一次世界大戦後の体制を**ヴェルサイユ体制**という。

! **関連事項**

連合国は、オーストリアとは**サン=ジェルマン条約**、ハンガリーとは**トリアノン条約**、ブルガリアとは**ヌイイ条約**、オスマン帝国とは**セーヴル条約**を結んだ。

背景 韓国併合後の武断政治による韓国支配に対し、人々の民族意識が高まった。

内容 民族自決の原則の提唱に呼応して、1919年3月1日、ソウルで**独立宣言**が読み上げられ、人々が**独立万歳**を叫んで行進、全国に広がった（**三・一独立運動**）。日本に鎮圧（ちんあつ）された。

! **関連事項**

三・一独立運動の後、日本は「**文化政治**」といわれる政策で懐柔（かいじゅう）をはかったが、結果的に日本の言語・慣習を強制する**同化政策**となった。一例として、神社への参拝がある。

背景 ヴェルサイユ条約で、二十一カ条廃棄の要求が拒否されて山東省（さんとう）の旧ドイツ権益を日本が継承（ほったん）したことが事件の発端となった。

内容 北京の学生が「**条約反対・日貨排斥**（はいせき）」のデモを行った（**五・四運動**）。この反対運動が全国に拡大し、中国は**ヴェルサイユ条約の調印を拒否**した。

! **関連事項**

1910年代、**新文化運動**が広がり、知識人や学生に民主主義や科学思想が普及するようになった。**白話運動**（はくわ）を中心として展開された文学革命もその一環である。

背景 第一次世界大戦中、**戦後の自治**を約束されたインドはイギリスに協力したが、インド人を弾圧する**ローラット法**の制定で裏切られた。

結果 **ガンディー**が指導する**インド国民会議**の非暴力・不服従の抵抗運動が全国に広がった。ネルーらは**プールナ=スワラージ**（完全独立）を決議。

▲ガンディー

245 ★★ 1921年　ワシントン会議

ワシントン いくつ**いるのか** 主力艦（しゅりょくかん）
1　9　2　1

アメリカ	イギリス	日本	フランス	イタリア
5	5	3	1.67	1.67

関連人物　ハーディング…会議を提唱したアメリカの大統領。

246 ★★ 1922年　ソヴィエト社会主義共和国連邦の成立

社会主義（しゃかいしゅぎ） いい国（くに）になれ ソ連邦（れんぽう）
1　92　2

関連年代　1921年…レーニンがネップ（新経済政策）を採用。

247 ★ 1922年　イタリア、ファシスト政権が成立

ムッソリーニ いくつになっても ファイトある
1　9　2　2　　　　　　ファシスト党

関連年代　1933年…ドイツでナチス政権が成立。

248 ★★ 1923年　ルール占領（出兵）

ルール違反（いはん） 特（とく）にみじめな ドイツ人（じん）
ルール地方　　　19　2　3

関連人物　ポワンカレ…ルール占領を強行したフランスの首相。

内容 国際連盟に加盟しなかったアメリカが、極東の秩序再建のために開いた国際会議。

結果 中国に関する九カ国条約、太平洋域に関する四カ国条約が結ばれて**日英同盟は解消。海軍軍備制限条約で主力艦保有量**が決められた。この会議を基本とした国際体制を**ワシントン体制**という。

🔍 **もっとくわしく**

九カ国条約における中国の領土保全・機会均等の確認は、大戦中の日本の進出を抑えるのが狙いだった。なお、9カ国は、米・英・仏・伊・蘭・ベルギー・ポルトガル・中国・日本である。

内容 ソヴィエト政権は、**シベリア出兵**などの列強の**干渉戦争**や反革命勢力との内戦に勝利し、1922年、**ソヴィエト社会主義共和国連邦**が成立。

結果 内戦中に共産党の**一党独裁体制**ができ、**戦時共産主義**による農工業の生産低下から、**ネップ**(新経済政策)による経済再建に移行する。

🔍 **もっとくわしく**

ソヴィエト社会主義共和国連邦は、当初**ロシア・ウクライナ・ベラルーシ・ザカフカース**で結成された。その後拡大し、15共和国で構成された。

背景 ヴェルサイユ体制に不満な戦勝国のイタリアでは、労働運動や農民運動で混乱が続く。

結果 ファシスト党の**ムッソリーニ**は党勢を拡大し、この年の**ローマ進軍**で国王の支持を得て政権を獲得。**全体主義(ファシズム)体制**をめざし、1926年にはファシスト党以外の全党を解散させた。

❗ **関連事項**

ムッソリーニは、**フィウメ**を併合し、**アルバニア**を保護国化した。また、ラテラノ約でローマ教皇庁と和解し、**ヴァチカン市国**の独立を認めた。

内容 1923年、ドイツの賠償金支払いが滞り、フランス・ベルギーがルール地方を占領した。

結果 ドイツは猛烈な**インフレーション**となったが、**シュトレーゼマン**首相による**レンテンマルクの発行**で終息した。翌年、アメリカ資本を導入した**ドーズ案**の賠償方式がまとまる。

❗ **関連事項**

ドイツの賠償金支払いは、**ドーズ案**の後、**ヤング案**と続いたが、1933年にナチス政権は一方的に破棄した。ドーズとヤングは、いずれもアメリカの財政家である。

249
1923年　トルコ革命、トルコ共和国の成立

トルコでは 遠くに去った カリフ制
とお　　さ　　　　　　　　　　せい
1　9　2　3

関連年代　1922年…エジプト王国の成立。

250
1924年　中国、第1次国共合作の成立

合作で 人・国よかれと 孫文さん
がっさく　　ひと　くに　　　　　そんぶん
国共合作　　1　　92　4

関連人物　陳独秀（ちんどくしゅう）…中国共産党の初代委員長。

251
1925年　ロカルノ条約

ロカルノの 一工夫でGO 協調制
ひと　く　ふう　　ゴー　きょうちょうせい
1　2　5　　国際協調

関連年代　1930年…ロンドン軍縮会議の開催。

252
1926年　中国、北伐が始まる
ほくばつ

北伐で 遠くに向かう 蒋介石
ほくばつ　とお　　む　　　しょうかいせき
1　9　2　6

関連年代　1928年…北伐完了。張作霖爆殺事件（ちょうさくりん）が起こる。

背景 敗戦国オスマン帝国（トルコ）は、パリ講和会議の**セーヴル条約**で領土が極限まで縮小。

結果 トルコ国民党の**ムスタファ=ケマル**は、侵入してきたギリシア軍を撃退後、共和国を樹立して**カリフ制を廃止**。**ローザンヌ条約**を結び、小アジアのトルコ人の民族自決を達成した。

！ **関連事項**

ムスタファ=ケマルは、ケマル=パシャとも呼ばれる。共和国樹立後、ムスタファ=ケマルは、**カリフ制廃止**、政教分離、女性参政権の実施、**ローマ字の採用**などの近代化を推進した。

背景 中国革命を続ける孫文は**中国国民党**を組織し、ソ連に接近する。

経過 1924年、孫文は、「**連ソ・容共・扶助工農**」の**新三民主義**を提唱、広州に国民政府樹立。

結果 1921年結成の**共産党**の党員が国民党員となることを認め、**第1次国共合作**が成立。

！ **関連事項**

ソ連は、**コミンテルン**（共産主義インターナショナル）を通じて、国共両党を援助した。中国共産党は、コミンテルンの指導により、国共合作路線をとった。

内容 仏外相**ブリアン**と独外相**シュトレーゼマン**の尽力によるこの条約で欧州の国際協調が実現。ドイツの国際連盟加入が認められた。

結果 **ラインラントの現状維持**と周辺国の相互安全保障を定めた**地域的安全保障体制**が成立。1928年には**不戦条約**が結ばれた。

！ **関連事項**

不戦条約はブリアンと米国務長官**ケロッグ**の提唱で、15カ国が武力によらない紛争解決を約した。のちに、63カ国が参加した。なお、この条約はケロッグ・ブリアン条約とも呼ばれる。

背景 国共合作で、**反軍閥・反帝国主義**の労働運動が高まり、上海で**五・三〇運動**が起こる。

結果 **蔣介石**の**国民革命軍**が広州から**北伐**を開始した。1927年4月、蔣介石は、占領した**上海でクーデタ**を起こし、**南京国民政府**を成立させ、共産党を弾圧。国共内戦になる。

▲蔣介石

253 ★★ **1929**年　世界恐慌（暗黒の木曜日）

株式が　特に急落　大恐慌
1 9　　2　　9

かぶしき　とく　きゅうらく　だいきょうこう

関連年代　**1931年**…フーヴァー＝モラトリアムが発令される。

254 ★★ **1931**年　満洲事変、日本の満洲占領

張学良の
しわざだもん
ドガーン

満洲で　戦始めた　関東軍
193　　1

まんしゅう　いくさはじ　かんとうぐん

関連年代　**1933年**…日本・ドイツが国際連盟を脱退。

255 ★★ **1933**年　ヒトラー内閣、ナチス政権が成立

ヒトラーは　戦見込んで　ナチス立て
1933

いくさみこ　た

関連年代　**1935年**…ザール編入によりドイツの領土拡大。

256 ★★ **1933**年　アメリカ、ニューディール政策実施

フランクリン　説くさみんなに　ニューディール
（F.ローズヴェルト）　1　9　3　3

と

関連年代　**1935年**…ワグナー法で労働者の権利を保障する。

背景 1920年代、ハーディング・クーリッジ・フーヴァーの共和党政権でアメリカは未曾有の繁栄。

結果 10月24日（暗黒の木曜日）にニューヨーク株式市場で株価が大暴落。政府の不介入で恐慌が拡大、ドイツなど各国に波及して世界恐慌に。イタリアに加え、ドイツ・日本でファシズムが台頭。

!　関連事項

1920年代のアメリカは、大量生産・大量消費の社会システムが成立し、自動車やラジオが普及するなど、**大衆消費社会**が成立した。映画やスポーツなど大衆文化もさかんになった。

内容 関東軍が柳条湖で南満洲鉄道線路を爆破。張学良軍の仕業として東北全域を軍事占領し、清の宣統帝溥儀を擁立して満洲国を建てた。

結果 1933年、リットン調査団の報告に基づく撤兵勧告案が決議され、日本は国際連盟を脱退。五・一五事件後、軍部の発言力が強まった。

🔍　もっとくわしく

1928年、関東軍が奉天軍閥の張作霖を謀殺した。軍閥を引き継いだ子の張学良が国民政府に身を投じたことで、蔣介石による北伐は完了した。その後、張学良は反日姿勢を強めた。

内容 1932年の選挙でナチ党が第一党となり、1933年に大統領ヒンデンブルクの指名でヒトラー内閣が発足した。

結果 ヒトラーは国会議事堂放火事件を共産党のせいにして弾圧、議会の全権委任法で独裁権を掌握し、再軍備宣言を行い、徴兵制を復活した。

!　関連事項

ナチ党の正式な名称は国民社会主義ドイツ労働者党である。反ユダヤ主義・大ドイツ主義を掲げた。1929年の世界恐慌の後、その対外強硬策を国民が支持、急速に勢力を拡大した。

内容 F.ローズヴェルト大統領の恐慌対策。

結果 全国産業復興法・農業調整法・TVA（テネシー川流域開発公社）などの公共事業で政府が経済介入し、投資や雇用を創出した。アメリカはソ連を承認し、ラテンアメリカ諸国には善隣外交政策をとり、キューバの独立を承認した。

▲フランクリン＝ローズヴェルト大統領

257 ☑ **1936**年　スペイン内戦が始まる

スペインへ 行くさ群なす 義勇兵
い　　むれ　　ぎゆうへい
１　９　３６

| 関連人物 | ヘミングウェー…アメリカ人作家で内戦に義勇兵として参戦。 |

258 ☑ ★ **1936**年　西安事件が起こる
せいあん

西安で 取っ組み論争 張と蔣
せいあん　と く ろんそう ちょう しょう
１　９　３６　　　　張学良と蔣介石

| 関連年代 | 1935年…中国共産党が八・一宣言を出す。 |

259 ☑ ★★ **1937**年　盧溝橋事件、日中戦争が始まる
ろ こうきょう

盧溝橋 戦長引く 日中戦
ろ こうきょう いくさなが び にっちゅうせん
1937

| 関連人物 | 汪兆銘…1940年、南京に親日政権を樹立。 |
おうちょうめい　　ナンキン

260 ☑ ★ **1938**年　ミュンヘン会談

ミュンヘンで 戦やめたと よく言うわ
いくさ　　　　　　ゆ
1938　　　　　宥和政策
すうじく

| 関連年代 | 1936年…ベルリン・ローマ枢軸の結成。 |

内容 スペインで社会党や共産党が協力した**人民戦線政府**が成立すると、これに反発した保守勢力の**フランコ将軍**が反乱を起こした。

結果 フランコ側は独・伊の支援を受け、政府側はソ連の援助のほか**国際義勇兵**が参加して戦ったが、1939年にフランコ側が勝利した。

！ 関連事項

1935年、コミンテルンは、**人民戦線**という自由主義者も含む反ファシズム統一戦線政策を提唱した。フランスでは**人民戦線内閣**が成立した。

背景 国民党の弾圧を受けながらも、共産党は地方で勢力を保った。その過程で**毛沢東**の権力が確立。この間、日本は**華北**にも勢力を拡大した。

内容 共産党の**八・一宣言**に同調した**張学良**は、**西安**を訪れていた**蔣介石**を捕えて監禁し、内戦の停止を迫ってこれを認めさせた。

🔍 もっとくわしく

コミンテルンが提起した人民戦線を受け、中国共産党は内戦の停止と**抗日民族統一戦線**の組織を主張する八・一宣言を発表した。

内容 日本は7月の**盧溝橋事件**から軍事活動を拡大した。それに伴い中国では**第2次国共合作**が成立し、日中の全面戦争に発展した。

結果 日本軍は**南京**に侵攻して多数の中国人を殺害するなどした。中国国民政府は**重慶**に移り、共産党側は**延安**を拠点に抗戦を続けた。

！ 関連事項

日中戦争中の第2次国共合作で、共産党軍は、国民政府の国民革命軍第**八路軍**として編入された。中国は、アメリカ・イギリス・ソ連の援助を受けて対日戦争を続けた。

背景 1938年3月、ドイツは**オーストリアを併合**。さらにチェコに**ズデーテン地方**を要求した。

内容 同年9月の英仏独伊による**ミュンヘン会談**で、**宥和**政策をとる英首相**N.チェンバレン**はこれを容認。しかし、翌年にドイツは**チェコスロヴァキア**の解体を強行した。

！ 関連事項

チェコは、神聖ローマ帝国の支配下にあった**ベーメン**（ボヘミア）という地域にあたる。第一次世界大戦後のパリ講和会議で、**スロヴァキア**と合併、オーストリアから独立した。

261

★ **1939**年　第二次世界大戦が始まる

二次大戦 避ける得策 なかったか？
　　　　　　　　　　1939

関連人物　ド=ゴール…ロンドンに亡命し、ドイツ抗戦を継続。

262

★ **1940**年　日独伊三国同盟の締結

三国の 行く世は同盟 日独伊
　　　　1 9 4 0

関連人物　チャーチル…ドイツの上陸を阻止したイギリス首相。

263

★ **1941**年　独ソ戦、太平洋戦争が始まる

太平洋 行くよ一気に 真珠湾
　　　　1 9 4 1

関連年代　1941年3月…アメリカが武器貸与法を制定した。

264

★ **1945**年　米英ソ3国首脳のヤルタ会談

ヤルタまで 行くよ合議に 米英ソ
　　　　　　　　1 9 4 5

関連年代　1942年…ミッドウェー海戦で日本は敗北。

内容 ヒトラーは、**ダンツィヒと付近のポーラン
ド領**を要求。1939年8月に**独ソ不可侵条約**を
結び、9月にドイツ軍が**ポーランド**に侵攻する
と、英仏がドイツに宣戦、**世界大戦**が始まった。

結果 ソ連の侵入も受けた**ポーランドは独ソ両国に
分割**。1940年にはフランスがドイツに降伏した。

! 関連事項

ダンツィヒはバルト海沿岸
の都市。現在はポーランド
の**グダニスク**。旧ドイツ領
だったが、第一次世界大戦
後のヴェルサイユ条約で国
際連盟の管理下に置かれて
いた。

内容 日本は、日中戦争長期化による国力低下
を打開するため、南進をはかった。また、合衆
国を牽制するため三国防共協定を発展させて、
日独伊三国同盟が成立した。

結果 日本は1941年、**日ソ中立条約**を結んで南進、
フランス領インドシナ南部に進駐してアメリカと対立。

! 関連事項

1941年8月には、大西洋
上の艦船で最初の米英首脳
会談が行われ、**大西洋憲章**
が発表された。1943年に
は、米・英・中による**カイ
ロ宣言**が出された。

内容 1941年6月、ドイツ軍は**不可侵条約**を無
視してソ連を攻撃し、**独ソ戦**が始まった。

経過 日本の**フランス領インドシナ南部進駐**で、
アメリカは**対日石油禁輸**を発動、「**ABCD包囲
陣**」が形成された。1941年12月、日本は**真珠
湾**を攻撃し、太平洋戦争が始まった。

▲真珠湾への攻撃

内容 **ローズヴェルト・チャーチル・スターリ
ン**の米英ソ3国首脳がクリミア半島のヤルタで
会談。**ドイツの占領方針**を公表し、秘密協定で
ドイツ降伏後の**ソ連の対日参戦**を決めた。

結果 1945年5月、**ドイツは無条件降伏**。日本
も8月に**ポツダム宣言**を受諾して降伏。

🔍 もっとくわしく

ソ連の対日参戦は、**千島列
島の譲渡**などを条件に、対
独戦終了後2～3カ月以内
と密約された。なお、
1945年4月にローズヴェ
ルトは急死、トルーマンが
米大統領に昇格した。

265
★★**1945**年 　国際連合発足（サンフランシスコ会議）

国連が 説く仕事だよ 平和維持
こくれん　　と　しごと　　　　へいわいじ
　　　　　1　9　4　5

関連年代〈 1941年…大西洋憲章（国連憲章の基礎理念）の発表。

266
★**1947**年 　トルーマン＝ドクトリン（冷戦の開始）

トルーマン 説くよ仲間に ソ連「封じ」
と　　なかま　　　　れん　ふう
　　　　1　9　4　7

関連年代〈 1949年…ソ連と東欧6カ国がコメコンを創設。

267
★**1947**年 　インド・パキスタンの分離独立

ガンディーが 幾夜悩めど パイ分離
いく　よ　なや　　　　　ぶん　り
　　　　19　4　7
パキスタンとインド

関連年代〈 1948年…スリランカが独立。

268
★★**1948**年 　イスラエルの建国

ユダヤ人 遠くで支払い 椅子を得る
じん　とお　　　し　はら　　い　す　え
　　　　1　9　4　8
イスラエル

関連年代〈 1964年…パレスチナ解放機構（PLO）設立。

経過 1945年6月のサンフランシスコ会議で**国際連合憲章**を採択。51カ国で10月に国際連合発足。

内容 **米英仏ソ中**の5カ国が経済的・軍事的制裁を決定する権限を持つ**安全保障理事会の常任理事国**となり、**拒否権**を持つ。

結果 日独などの**敗戦国**は加盟できなかった。

！ 関連事項

戦後の国際通貨体制を**ブレトン=ウッズ体制**という。1945年に**国際復興開発銀行・国際通貨基金**が設立された。1947年には自由貿易を促すための**GATT**が調印された。

内容 米大統領**トルーマン**が対ソ連**封じ込め**政策を開始し、国務長官**マーシャル**は欧州経済復興援助計画**マーシャル=プラン**を公表した。

結果 ソ連は対抗して**コミンフォルム**（共産党情報局）を結成し、**東欧諸国の衛星国化**を進める。1947年以降、米ソ間の**冷戦**が本格化した。

！ 関連事項

チャーチル英前首相はアメリカのミズーリ州フルトンで、ソ連の東欧支配を「**鉄のカーテン**」と評した。封じ込め政策には、安全保障条約である北大西洋条約の締結などがある。

背景 大戦中からインドは、イギリスに完全独立を要求してきた。1947年、インド独立法が制定された。

内容 1947年、ヒンドゥー教主体の**インド**とイスラーム教の**パキスタン**が分離独立した。双方の対立は続き、翌年に統一インドを願う**ガンディー**は暗殺された。

！ 関連事項

インド初代首相は**国民会議派**の**ネルー**である。パキスタン初代総督は**全インド=ムスリム連盟**の**ジンナー**である。インド北部のカシミール地方は、その帰属をめぐり、現在も紛争地帯となっている。

背景 ナチ党の迫害を逃れた**ユダヤ人**が**パレスチナ**に入植し、アラブ住民との対立が深まる。

内容 1948年、**イギリスの委任統治**が終了し、国連の**パレスチナ分割案**により**イスラエル**が成立。

結果 同年、アラブ連盟が反対して**第1次中東戦争**が起きた。

！ 関連事項

双方の対立はその後も続き、1967年の**第3次中東戦争**では、イスラエルが**シナイ半島・ゴラン高原**を占領した。1973年には**第4次中東戦争**が起きた。

☑①北アメリカ植民地が独立を宣言したのは西暦何年か？	① 1776年
☑②フランス革命勃発後、恐怖政治を行い、1794年にテルミドールの反動で処刑されたのは誰か？	② ロベスピエール
☑③ウィーン会議が開催されたのは西暦何年か？	③ 1814年
☑④フランス第二共和政が成立した1848年の革命は？	④ 二月革命
☑⑤アメリカで南北戦争が始まったのは西暦何年か？	⑤ 1861年
☑⑥ドイツ帝国が成立したのは西暦何年か？	⑥ 1871年
☑⑦1840年に始まり、南京条約で終結した戦争は何か？	⑦ アヘン戦争
☑⑧1851年に洪秀全が起こした乱は何か？	⑧ 太平天国の乱
☑⑨1857年に起き、ムガル帝国が滅亡した乱は何か？	⑨ インド大反乱
☑⑩1894年の日清戦争のきっかけになった戦争は何か？	⑩ 甲午農民戦争
☑⑪イギリスのアフリカ縦断政策とフランスの横断政策の対立から1898年に起きた事件は何か？	⑪ ファショダ事件
☑⑫第1次ロシア革命のきっかけとなった事件は何か？	⑫ 血の日曜日事件
☑⑬1905年にイギリスがインドで制定したのは何か？	⑬ ベンガル分割令
☑⑭辛亥革命により中華民国が成立したのは西暦何年か？	⑭ 1911年
☑⑮第一次世界大戦の原因となった1914年の事件は何か？	⑮ サライェヴォ事件
☑⑯ロシアの二月革命・十月革命は西暦何年か？	⑯ 1917年
☑⑰ヴェルサイユ条約が結ばれたのは西暦何年か？	⑰ 1919年
☑⑱1919年に中国で起きた全国的な愛国運動は何か？	⑱ 五・四運動
☑⑲1925年に締結し、欧州の協調が実現した条約は？	⑲ ロカルノ条約
☑⑳世界恐慌が始まったのは西暦何年か？	⑳ 1929年
☑㉑1931年に始まり、日本が満洲を占領した事件は何か？	㉑ 満洲事変
☑㉒1938年にドイツへのズデーテン地方割譲を認めた会談は何か？	㉒ ミュンヘン会談
☑㉓1945年に米英ソ3国首脳が集まり、ドイツの占領方針やソ連の対日参戦を決めた会談は何か？	㉓ ヤルタ会談
☑㉔冷戦の始まりとなったトルーマン=ドクトリンが出されたのは西暦何年か？	㉔ 1947年

Chapter

04

地球世界の課題

キューバ危機

キューバでのソ連のミサイル基地建設はアメリカの海上封鎖で阻止された

ムムッ ケネディのやつめ！

ひどくムッ（1962）した表情……心中お察し致します

フルシチョフ

私がどうして激怒しているか その理由がわかるか？

えーと それはケネディの…

ちっがーう 今度の夏にキューバで思いっきりバカンスするつもりだったのだっ！

…！

ドンマイです

ASEANの結成

そろそろ我々東南アジアの国々も地域連合を結成しましょう

ひとつ組むな（1967）ら 新組織の略称は「アセアン」で…

どうせなら世界の誰もが覚えやすい略称を考えてみませんか？

「アン」つながりで「トレビアン」とか…なんだかおしゃれでしょ？

それじゃ「ハワイアン」とか「イタリアン」はどうかな？

犬大好きな私は「ポメラニアン」とか「ダルメシアン」ですね

健康志向なら「ベジタリアン」

いやいや「エイリアン」は外せないよね

いつまで続くんだ…これ？

ベルリンの壁開放
1989年　▶p.164

イラク戦争が起こる
2003年　▶p.168

東西冷戦の象徴だったベルリンの壁は…

イラクのフセイン政権は大量破壊兵器を隠し持っているすぐに派兵せねば！

大統領！明白な証拠がないと世界中から批判されますよ！

ブッシュ

東欧諸国で民主化運動が高まるといくばく（1989）もなく開放された

東ベルリンも自由だ－！

やった－

欧米諸国は不和を見（ふわをみ）せつつアメリカ・イギリス軍がイラクに侵攻した（2003）

ザッ　ザッ

昨夜なくなった壁の向こうから巨人たちが襲ってくる悪夢を見たの…

みんな喜んでいるのに何で浮かない顔してるの？

この部屋に何かが隠されていそうだ…開発中の最新兵器かもしれん

ゴゴゴ…

KEEP OUT

各員注意して突入せよ！

ゴゴゴ…

そんなコトがもし起きたら俺が駆逐してやる！！

ハートを捧げるわ！！

これは！フセインの武装影武者ロボット！

ドーーーン

即時破壊！！

269 ★★ 1949 年　NATO結成、東西ドイツの分裂

東西が 説くよ苦難の 冷戦を
とうざい　と　く　なん　　れいせん
　　　　　１　９　４　９

関連年代　1990年…東西ドイツの統一。

270 ★★ 1949 年　中華人民共和国の成立

毛沢東 一句よく詠み 中華でき
もうたくとう　いっく　　よ　　ちゅう　か
　　　　　１　９　４　９
　　　　　　　　　　中華人民共和国

関連人物　周恩来…中国の初代首相。
しゅうおんらい

271 ★★ 1950 年　朝鮮戦争が始まる

朝鮮を ひどくこわした 戦争だ
ちょうせん　　　　　　　　せんそう
　　　１　９　５　０

関連年代　2000・2007・2018年…韓国・北朝鮮首脳会談。

272 ★★ 1954 年　ジュネーヴ会議

ジュネーヴへ 行く御用ある 休戦に
い　ごよう　　きゅうせん
　　　　　１　９　５　４

関連年代　1946～54年…インドシナ戦争。

背景 西側ドイツの**通貨改革**とソ連による**ベルリン封鎖**で、ドイツの東西分裂が決定的となり、1949年、アメリカなど西側12カ国の軍事機構である**北大西洋条約機構（NATO）**が誕生した。

結果 ドイツ連邦共和国（西ドイツ）とドイツ民主共和国（東ドイツ）が成立した。

！ **関連事項**

NATOに対抗して、ソ連を中心とする東側陣営は、1955年に**ワルシャワ条約機構**を結成した。ワルシャワ条約機構は、冷戦の終結とともに1991年に解散。

背景 中国では日本降伏後、**国共の内戦**が再燃。アメリカの援助を受けた国民党は、腐敗で人心を失って敗北し、**蔣介石**は**台湾**に逃れて**中華民国**政府を維持した。

内容 1949年10月1日、北京で**毛沢東**を主席とする**中華人民共和国**の成立が宣言された。

！ **関連事項**

中華人民共和国の成立以降、台湾の中華民国政府が唱える大陸反攻と、大陸の中華人民共和国政府が唱える武力統一との睨み合いが続き、**台湾海峡**の緊張が高まった。

背景 1948年、**李承晩**大統領の**大韓民国**と**金日成**の**朝鮮民主主義人民共和国**が独立する。

内容 1950年、北朝鮮軍が韓国に侵入。アメリカなど**国連軍**と中国の**人民義勇軍**が参戦し、戦線は膠着。1953年、**板門店**で休戦協定が結ばれ、**北緯38度線**をはさんで南北の分断が固定化された。

▲朝鮮戦争

経過 **インドシナ戦争**で、ベトナム民主共和国が仏軍に勝利、**ジュネーヴ休戦協定**が結ばれた。これによりベトナムは**北緯17度線**を軍事境界線として南北に分けられ、南北統一選挙が約束された。

結果 1955年、休戦協定を無視して南部にベトナム共和国が成立。ベトナムは南北に分断された。

！ **関連事項**

ベトミン（ベトナム独立同盟会）は、1941年結成。**ホー=チ=ミン**を指導者に抗日・抗仏闘争を展開した。ホー=チ=ミンは、第二次世界大戦後に独立したベトナム民主共和国の初代大統領になった。

---

273 ★ **1955**年 | 第1回アジア=アフリカ会議

バンドンへ 皆行く心は 非同盟
みないこころ　ひどうめい

1 9 55

関連年代 | 1961年…第1回非同盟諸国首脳会議の開催。

---

274 ★ **1956**年 | スターリン批判で「雪どけ」始まる

フルシチョフ 緊張解くころ ハングリー
きんちょうと

1 9 5 6　ハンガリーでの動乱

関連年代 | 1961年…東西ベルリンの境界に壁が築かれる。

---

275 ★ **1960**年 | 「アフリカの年」

アフリカは ひと苦労をし 独立だ
くろう　どくりつ

1 9 6 0

関連人物 | エンクルマ（ンクルマ）…ガーナの初代大統領。

---

276 ★ **1962**年 | キューバ危機

キューバ危機 ひどくムッツリ ソ連邦
きき　れんぽう

1 9 6 2

関連年代 | 1963年…ケネディ大統領がダラスで暗殺される。

背景 1954年、中国の**周恩来**とインドの**ネルー**が会談し、**平和五原則**を発表した。

内容 インドネシアの**バンドン**でアジア=アフリカ会議が開かれた。参加した国は29カ国。

結果 ネルー、インドネシアの**スカルノ**、周恩来らの主導で**平和十原則**を宣言。反植民地・平和共存で第三世界が結集。

もっとくわしく

「平和五原則」の内容は、領土・主権の相互尊重、相互不侵略、内政不干渉、平等互恵、平和共存。これらが、一般的な国際関係においても尊重されるべき原則として掲げられた。

背景 1953年、ソ連の独裁者**スターリン**が死去。

内容 後継者の**フルシチョフ**は、この年の第20回共産党大会で、**スターリンの独裁や粛清を批判**し、**米ソの平和共存**を表明。コミンフォルムも解散した。直後、自由化を要求してポーランドやハンガリーで動乱が起きた。

関連事項

平和共存の表明によって、核戦争の恐怖から開放された当時の状況を「緊張緩和」「雪どけ」という。しかし、東欧諸国の自由化は、自国政府の鎮圧やソ連軍の介入により、抑えられた。

内容 1957年の**ガーナ独立**を機に、サハラ以南のアフリカ植民地が次々に独立。1960年は17カ国が独立して「**アフリカの年**」といわれた。

結果 1963年には、地域協力機構としての**アフリカ統一機構(OAU)**が成立した。しかし、独立後も政情不安から内戦やクーデタが多発した。

▲エンクルマ(ンクルマ)

背景 1959年、**キューバ革命**で親米バティスタ政権が倒れ、社会主義の**カストロ**政権が成立。

結果 1962年、キューバにソ連がミサイル基地を配備したため、米大統領**ケネディ**は**海上封鎖**でソ連に基地を撤去させ、**核戦争の危機**は回避された。

関連事項

キューバ危機を機に、国際社会では核兵器を制限するための取り組みが進められ、1963年には米・英・ソが**部分的核実験禁止条約**に調印した。

277 ★ **1965** 年　ベトナム戦争の本格化

ベトナム戦 ひどくむごいよ 枯葉剤
　せん　　　 １　　９　　６　　５　　　　かれ　は　ざい*

＊枯葉剤＝ベトナム戦争で米軍が使用した化学兵器。特に毒性が強い。

関連人物　ジョンソン大統領…北ベトナムへの爆撃を開始した。

278 ★ **1966** 年　中国、プロレタリア文化大革命が始まる

文革を 説く朗々と 毛沢東
ぶんかく　 と　ろうろう　　もうたくとう
文化大革命　 １　９　６　６

関連年代　1969年…珍宝島（ダマンスキー島）での中ソ国境紛争。
　　　　　　ちんぽうとう

279 ★ **1967** 年　東南アジア諸国連合（ASEAN）の結成
　　　　　　　　　　　　　　　　　　　　 ア　セ　アン

東南が ひとつ組むなら ASEANに
とうなん　 　 く　　　　 ア　セ　アン
東南アジア　 １　９　６　７

関連年代　1989年…アジア太平洋経済協力会議（APEC）発足。
　　　　　　　　　　　　　　　　　　　　　 エイペック

280 ★ **1968** 年　「プラハの春」

プラハ市民 ひと苦労やね 民主化で
　　　しみん　　　 くろう　　　 みんしゅか
　　　　　　 １　９　６　８

関連人物　ブレジネフ…ソ連共産党書記長として権力を握った。

原因 1960年、南ベトナムで南ベトナム解放民族戦線が結成され、反政府運動が進む。

結果 アメリカは**北ベトナム爆撃**と派兵を進めたが、国際的批判を受けて1973年の**ベトナム（パリ）和平協定**により撤退した。1975年の**サイゴン**占領で、北ベトナム側が南北統一を達成。

💬 **関連事項**

サイゴンはベトナム民主共和国の初代大統領の名前にちなんだ**ホーチミン**と改称され、1976年にはハノイを首都とする**ベトナム社会主義共和国**が成立した。

背景 1958年から「**大躍進**」運動で**人民公社**の設立を進めたが、生産が低下して数千万人を餓死させて失敗し、**毛沢東**は権力を失った。

内容 権力奪回をはかる**毛沢東**が、1966年に紅衛兵を動員して**プロレタリア文化大革命**を発動。**劉少奇**、**鄧小平**らを失脚させ大混乱を招いた。

💬 **関連事項**

当初、毛沢東に追随した**林彪**は1971年に毛沢東暗殺に失敗し、逃亡中に死亡。また、**江青・姚文元・張春橋・王洪文**の四人組は、1976年に失脚した。鄧小平は1977年に中央に復帰。

内容 インドネシア・マレーシア・シンガポール・フィリピン・タイの5カ国で地域協力をめざす**東南アジア諸国連合（ASEAN）**が結成された。

結果 1999年には東南アジアの10カ国が参加するASEAN10が実現し、平和維持の面でも重要な役割をになっている。

💬 **関連事項**

ASEAN加盟各国は、1970〜80年代に高い経済成長率を示し、アジア・太平洋地域の経済発展を目的とする**アジア太平洋経済協力会議（APEC）**も発足した。

背景 ソ連では、コスイギン・**ブレジネフ**体制で自由化の進展は抑制された。

内容 1968年、**チェコスロヴァキア**で**ドプチェク**が指導する自由化運動が起こった。

結果 ソ連と東欧4カ国の軍事介入により、自由化路線は挫折した。

🔍 **もっとくわしく**

この運動で、ノヴォトニー大統領が失脚し、ドプチェク政権が誕生した。しかし、ソ連の軍事介入後、ドプチェクら首脳はソ連に連行された。

281 1971年 ドル・金兌換停止

ドル通貨 ひどく無い価値 金に負け
1　9　7　1

＊兌換＝銀行券(紙幣)を金・銀の貨幣・地金の正貨と交換すること。

関連人物　ニクソン…ドルの金兌換停止を実施した米大統領。

282 ★★1972年 日中国交正常化

周・田中 得な任務だ 正常化
19　7　2

関連年代　1972年…アメリカから日本へ沖縄が返還された。

283 1972年 東西ドイツ基本条約

両ドイツ 幾夏過ぎて 承認へ
東西ドイツ　19 72

関連年代　1990年…東西ドイツの統一が実現した。

284 ★★1973年 第4次中東戦争・第1次石油危機

中東の 引く波受ける サダトさん
1　9　73

(エジプト大統領)

関連年代　1948年…第1次中東戦争。1956年…第2次中東戦争。

背景 アメリカの財政は、ベトナム戦争の戦費増大、日本・西欧の経済成長で悪化し、貿易収支も赤字に転落した。

内容 1971年、**ドル・金の兌換停止**を実施。

結果 ドルが基準の**ブレトン=ウッズ体制**は崩れ、1973年に先進国は変動相場制へ移行した。

🔍 **もっとくわしく**

1944年以降続いてきた、アメリカのドルを基軸通貨とする固定相場制が崩れた。これは世界経済がアメリカ・西欧・日本の三極構造に向かう転換点となった。

背景 **ニクソン大統領**が直接的な海外への軍事介入を控えることを発表するとともに、訪中して中国を承認し、米中間の緊張が解消した。

内容 米中接近により、日本も**田中角栄**首相が訪中して周恩来首相と**日中共同声明**を発表し、日中の国交が正常化された。

🔍 **もっとくわしく**

日中共同声明で、日本は中華人民共和国が**唯一の合法政府**であることを承認、中国は戦争賠償請求を放棄した。一方、日本と台湾政府は国交を断絶した。

背景 1960年代に入り、米ソ間で軍縮と**緊張緩和**(デタント)が進展した。

経過 西ドイツの**ブラント**首相は、東方外交により、東ドイツ・ポーランド・ソ連との関係改善を促進。

内容 1972年、東西ドイツが相互に承認しあい、翌年に両国は**国連に同時加盟**した。

🔍 **もっとくわしく**

ブラントは、東方外交でソ連と**武力不行使条約**を締結した。また、ポーランドと**国交正常化条約**を結び、オーデル=ナイセ線での国境を画定した。

背景 1967年の**第3次中東戦争**で、イスラエルが領土を4倍以上に拡大していた。

内容 1973年、**エジプト・シリア軍**がイスラエルを奇襲したが、イスラエルの反撃で停戦した。

結果 **アラブ石油輸出国機構**は**石油戦略**を発動し、石油価格が急騰する**石油危機**に発展した。

⚠️ **関連事項**

エジプトの**サダト大統領**はアメリカに接近し、イスラエルに対して限定戦争を起こした。その後、イスラエルと和解し**エジプト=イスラエル平和条約**を結んだ。

285 1975年 先進国首脳会議（サミット）

先進国 引くなご馳走 パリの夜
　　　　1　9　7　5

関連年代 2008年…G20（20カ国・地域首脳会合）を開催。

286 1978年 日中平和友好条約

日中は 引くなや友好 なおあつく
　　　　1　9　7　8

関連年代 1972年…日中共同声明の発表。

287 1979年 イラン゠イスラーム革命が起こる

いらいらし ひどく泣くのは パフレヴィー
イラン゠イスラーム革命　1　9　7　9　　　（イラン国王）

関連人物 レザー゠ハーン…パフレヴィー朝（1925〜79）を創始。

288 1979年 ソ連軍のアフガニスタン進駐

アフガンへ 行くな苦戦の ソ連軍
　　　　　　1　9　7　9

関連年代 1989年…ソ連、アフガニスタンからの撤兵が完了。

内容 経済問題など相互に共通する問題に対応するため、1975年にパリ郊外のランブイエで第1回**先進国首脳会議**（**サミット**）が開かれた。

結果 石油消費国の立場から経済政策を協議したが、次第に西側先進国の結束を内外に示すものとなった。

！ 関連事項

第1回サミットの参加国は**米・英・仏・旧西独・伊・日**の6カ国である。第2回でカナダが加わった。第3回からはEC委員長も参加。ロシアも一時期、参加していた。

背景 1972年の**日中共同声明**で**日中国交正常化**が実現された。

内容 1978年、日中共同声明をもとに、不戦と友好を約束する**日中平和友好条約**が結ばれた。主権・領土の相互尊重・相互不可侵・相互内政不干渉が記されている。

Q もっとくわしく

日中平和友好条約は、中国のソ連に対する**反覇権主義**をめぐって交渉が難航したが、鄧小平の復帰とともに、米中接近が進展する中、福田内閣のときに調印された。

背景 国王パフレヴィー2世の近代化路線に対する民衆の抗議運動が広まった。

内容 1979年に国王が亡命、**ホメイニ**を最高指導者とする**イラン=イスラーム共和国**が成立。

結果 イランと欧米諸国は対立した。1980年から始まった**イラン=イラク戦争**は長期化した。

▲ホメイニ

経過 アフガニスタンでは、1973年のクーデタで王政が廃止された。1979年、親ソ派政権を支援してソ連が軍隊を派遣した。

結果 苦戦したソ連軍は1989年に撤兵する。その後アフガニスタンではイスラーム原理主義の**ターリバーン**政権が台頭した。

！ 関連事項

アメリカの援助でソ連軍と戦った、ムジャーヒディーンと呼ばれるイスラーム武装勢力は、1991年の湾岸戦争後は反米に転じた。

| 289 | ★ **1986**年 | ソ連、ペレストロイカを実施 |

ゴルバチョフ **トークは朗々（ろうろう）** **改革者（かいかくしゃ）**
（書記長） 1 9 8 6 ペレストロイカ

関連年代 ┃ 1989年…マルタ会談で冷戦終結を宣言。

| 290 | ★ **1989**年 | ベルリンの壁開放、東欧革命 |

ベルリンの いくばくもなく 消える壁（かべ）
1 9 8 9

関連人物 ┃ ワレサ…ポーランドの労働組合「連帯」の指導者。

| 291 | ★ **1991**年 | ソ連の崩壊 |

ソ連消え（れんき） 遠くで食いだめ（とお）（く） エリツィン氏（し）
1 9 9 1

関連年代 ┃ 1994年…ロシアがチェチェンに軍事介入する。

| 292 | ★ **1991**年 | 湾岸戦争が起こる |

湾岸戦（わんがんせん） ひどく悔いるよ（く） フセインは
1 9 9 1 （イラク大統領）

関連年代 ┃ 1980年…イラン=イラク戦争が始まる。

背景 フルシチョフ失脚後、20年にわたるブレジネフ政権下で、ソ連経済は停滞していた。

結果 ソ連共産党書記長となった**ゴルバチョフ**は1986年、ペレストロイカ（改革）を実施。**アフガニスタン撤兵**や**米ソ首脳会談**で緊張緩和に努めた。この影響で1989年、東欧諸国で革命が相次いだ。

!　**関連事項**

ロシア語で**ペレストロイカ**は「改革」、**グラスノスチ**は「情報公開」。1986年の**チョルノービリ原子力発電所**の事故後、グラスノスチが進展した。

背景 1980年、ポーランドの自主管理労組「連帯」による改革運動が起きた。

内容 1989年11月に**ベルリンの壁**が開放され、翌1990年に**統一ドイツが成立**した。前後して、ハンガリー、ポーランド、ブルガリア、チェコスロヴァキアでも政権が交代した。

🔍　**もっとくわしく**

ルーマニアでは独裁体制をしいていた**チャウシェスク**が処刑された。東欧社会主義圏の消滅（**東欧革命**）後、1991年には**コメコン**と**ワルシャワ条約機構**が解消された。

背景 大統領となったゴルバチョフが市場経済への移行や「**新思考外交**」による改革を行った。

結果 1991年、共産党保守派のクーデタ失敗後、**ソ連共産党は解散**し、**バルト三国が独立**、**エリツィン**大統領のロシア連邦を中心に**独立国家共同体（CIS）**が成立し、ソ連は解体された。

🔍　**もっとくわしく**

新思考外交を唱えたゴルバチョフは、新ベオグラード宣言で、社会主義諸国へのソ連の指導権を否定した。その結果、1989年に東欧革命が起こった。

内容 1990年8月、イラクが石油資源をねらって**クウェート**に侵攻した。

結果 国連安保理の決定で、米軍を中心に**多国籍軍**が結成され、**サウジアラビア**に展開。1991年、クウェートを武力解放した。イラクの**フセイン政権**は2003年の**イラク戦争**で倒れた。

!　**関連事項**

米英による**フセイン政権**打倒の呼びかけに応じたイラク国内の**クルド人**の反乱が鎮圧されても、米英は動かなかったことや、異教徒軍のアラビア駐留に対して、一部アラブ人が不満を抱いた。

冷戦の終結、グローバル化

---

293 ★★ **1993**年　ヨーロッパ連合（EU）の発足

イーユー

EUへ　行く組そろう　大連合
　　　　1　9　93

関連年代　1967年…ヨーロッパ共同体（EC）の発足。

---

294 ★★ **1993**年　パレスチナ暫定自治協定

きょうてい ご　　　ひく　　 み

協定後　低く見られぬ　パレスチナ
　　　19　9　3

関連人物　アラファト…パレスチナ解放機構の第3代指導者。

---

295 **1994**年　南ア、マンデラ大統領が就任

アパートで　ひどく窮した　マンデラ氏
アパルトヘイト　　　1　　9　　9　4

関連人物　デクラーク…人種差別政策を撤廃した白人の大統領。

---

296 ★★ **2001**年　アメリカ同時多発テロ

ぶ れいおお　　　　べい

アル＝カーイダ　無礼多いと　米にテロ
　　　　　　　　　2　0　0　1

関連年代　2001年…アメリカがアフガニスタンを攻撃。

内容 1992年調印の**マーストリヒト条約**は翌年発効し、EC12カ国で**ヨーロッパ連合(EU)**が発足。1999年、単一通貨ユーロを導入。

結果 首脳会議で**EU憲法**が採択された。東欧諸国も加盟して2013年には28カ国体制に発展したが、加盟国間の経済格差や移民問題が課題。

もっとくわしく

EUは、欧州議会・欧州委員会・欧州裁判所からなるが、現在は**EU首脳会議**が最高意思決定機関である。欧州理事会とも呼ばれ、各加盟国の首脳と欧州委員会委員長とで構成される。

背景 1987年以降、イスラエルに対するパレスチナ人の抗議運動(**インティファーダ**)が続く。

内容 1993年、ノルウェーの仲介でパレスチナ人の**暫定自治**を認める協定が結ばれた。

結果 ガザ地区とヨルダン川西岸のイェリコで自治が開始された。

もっとくわしく

1995年にイスラエルの**ラビン首相**が暗殺された。その後、首相となった**シャロン**はパレスチナ人に対して強硬姿勢をとり、武力対決路線に戻った。

背景 南アフリカでは第二次世界大戦後、少数派の白人が多数派の黒人を隔離・差別する**アパルトヘイト**政策をとり、国際的に非難された。

内容 1980年代末に政策が見直され、差別法が全廃されたのち、94年の全民族参加による選挙で**マンデラ**が黒人初の**大統領**として当選した。

もっとくわしく

マンデラは反アパルトヘイト闘争を展開した**アフリカ民族会議(ANC)**の指導者で、長年にわたり投獄されていた。1993年にはデクラークとともにノーベル平和賞を受賞した。

背景 アフガニスタンは、ソ連の撤退後、**イスラーム原理主義**の**ターリバーン**が政権をとり強大化していた。

内容 2001年9月、アメリカの旅客機が乗っ取られ、ニューヨークのビルなどに突入する**同時多発テロ**が起き、多数の犠牲者が出た。

もっとくわしく

ブッシュ大統領は、ターリバーンと結びついた急進派組織アル=カーイダの実行によるものとして、**アフガニスタン**に対して軍事行動を起こした。

冷戦の終結、グローバル化

| 297 | **2002**年 | アフリカ連合（AU）の発足 |

アフリカの **不和ゼロにする** AUさ
（ふわ）　　　　（エーユー）
2　0　0　2

> 関連年代　1960年…17カ国が独立した「アフリカの年」。

| 298 | ★ **2003**年 | イラク戦争が起こる |

米欧が **不和を見せつつ** イラク攻め
（べいおう）（ふ わ　　み）　　　　　　（せ）
2　0　0　3

> 関連年代　2009年…ブッシュ（子）の後、オバマが大統領に就任。

| 299 | **2011**年 | 「アラブの春」が広がる |

民主化に **触れた人々** アラブ人
（みんしゅか）（ふ　ひとびと）　　　　（じん）
2　0　1　1

> 関連人物　ムバラク…エジプトの大統領。民主化運動で失脚。

| 300 | **2020**年 | イギリスがEUから離脱 |

EUと **ぶれて不和した** 英離脱
（イーユー）　　（ふ わ）　　（えい り だつ）
2　0　2　0

> 関連人物　ジョンソン…EU離脱時のイギリスの首相。

背景 1963年、地域協力機構として**アフリカ統一機構(OAU)** が組織されたが、各地で生じた内戦などに対処することができなかった。

内容 **ヨーロッパ連合(EU)** をモデルにアフリカでの政治・経済的な統合を目指し、OAUが発展・改組して**アフリカ連合(AU)** が発足した。

🔍 もっとくわしく

アフリカ連合はアフリカの55の国・地域が加盟する**世界最大級の地域機構**。エチオピアの首都アディスアベバに本部を置いている。

内容 アメリカの**ブッシュ**政権は、イラクの大量破壊兵器保有(未発見)を口実に、仏・独や国連の支持を得られないまま、英とともに武力攻撃をした。

結果 **バグダード**を占領し、**フセイン**政権を倒した。しかしその後もイラクの治安は安定せず、内戦状態が続いた。

⚠️ 関連事項

フセイン政権の崩壊後は、**スンナ派**と北部の**クルド人**、南部の**シーア派**の対立が表面化した。正常化への道はなお厳しい状況となっている。

内容 2010年末に始まった**チュニジア**での**民主化運動**が、翌年エジプトやリビアなどにも波及し、アラブ諸国で**独裁政権**が次々と崩壊した。

結果 民主化の動きは、独裁政権に押さえこまれていた部族・宗教間の抗争や内戦を招く結果となり、ゆり戻しの反動や政情不安が続いている。

⚠️ 関連事項

シリアの内戦では、国民の約半数が難民や国内避難民となるなど悲惨な状況が生じ、「21世紀最大の人道危機」とも呼ばれている。

背景 **リスボン条約**の発効によるEUの政治的統合の強化や、EU加盟国の東方拡大、**イスラム系移民の受け入れ問題**などもあって、特にイギリスではEUに反対する風潮が高まった。

内容 2016年の国民投票でEUからの離脱が決定し、2020年に正式に離脱した。EU現加盟国数は27カ国。

⚠️ 関連事項

イギリスによるEUからの離脱は、**ブレグジット**と呼ばれる。これは、British(イギリス)とexit(離脱)を混成した語である。

☑①1949年に成立した中華人民共和国の主席は誰か？	① 毛沢東
☑②インドシナ戦争の休戦協定が結ばれたジュネーヴ会議が開かれたのは西暦何年か？	② 1954年
☑③1955年に第1回アジア=アフリカ会議が開かれたインドネシアの都市はどこか？	③ バンドン
☑④17カ国が独立した「アフリカの年」は西暦何年か？	④ 1960年
☑⑤1962年のキューバ危機を回避した米大統領は誰か？	⑤ ケネディ
☑⑥中国でプロレタリア文化大革命が始まったのは西暦何年か？	⑥ 1966年
☑⑦1967年に結成されたASEANの正式名称は何か？	⑦ 東南アジア諸国連合
☑⑧1968年にチェコスロヴァキアで起きた民主化を求める運動は何と呼ばれたか？	⑧ プラハの春
☑⑨田中角栄首相の訪中で、日中共同声明が出され、日中国交正常化が実現したのは西暦何年か？	⑨ 1972年
☑⑩1973年に第1次石油危機が発生する原因となった戦争は何か？	⑩ 第4次中東戦争
☑⑪第1回の先進国首脳会議（サミット）が開かれたのは西暦何年か？	⑪ 1975年
☑⑫1979年、親ソ派政権を支援するためにソ連軍が進駐した国はどこか？	⑫ アフガニスタン
☑⑬1986年、ソ連の共産党書記長のゴルバチョフが実施した改革は何と呼ばれるか？	⑬ ペレストロイカ
☑⑭ベルリンの壁が開放されたのは西暦何年か？	⑭ 1989年
☑⑮CISの成立により、ソ連が崩壊したのは西暦何年か？	⑮ 1991年
☑⑯1994年に就任した、南アフリカ共和国初となる黒人の大統領は誰か？	⑯ マンデラ
☑⑰アメリカ同時多発テロが起きたのは西暦何年か？	⑰ 2001年
☑⑱2003年にフセイン政権が倒された戦争は何か？	⑱ イラク戦争
☑⑲2020年にEUから離脱した国はどこか？	⑲ イギリス

Appendix

中国の歴代の王朝と主な皇帝

内容	年代	事項名
☐① 中国を統一、郡県制を施行	前221	秦 始皇帝(秦王の政)
☐② 項羽を倒し、長安に都を置く	前202	前漢 劉邦(高祖)
☐③ 張騫を大月氏へ派遣し、匈奴と戦う	前2C後半	前漢 武帝
☐④ 漢の一族で、漢を復興する	25	後漢 劉秀(光武帝)
☐⑤ 呉を滅ぼし、中国を統一	280	西晋 司馬炎(武帝)
☐⑥ 華北を統一する	439	北魏 太武帝
☐⑦ 南朝の陳を滅ぼし、中国を統一	589	隋 文帝(楊堅)
☐⑧ 高句麗遠征に失敗し、滅亡	618	隋 煬帝
☐⑨ 隋末の混乱中、長安に建国	618	唐 李淵(高祖)
☐⑩ 唐の最盛期、貞観の治で有名	7C前半	唐 太宗(李世民)
☐⑪ 楊貴妃を寵愛、安史の乱が勃発	755	唐 玄宗
☐⑫ キタイ(契丹)を統一した建国者	916	遼 耶律阿保機(太祖)
☐⑬ 五代の後周に代わり建国	960	北宋 趙匡胤(太祖)
☐⑭ 王安石の新法が始まる	1069	北宋 神宗
☐⑮ 女真人を統一し、建国する	1115	金 完顔阿骨打(太祖)
☐⑯ 退位後、金に拉致される	1126	北宋 徽宗
☐⑰ 大都を建設し、南宋を滅ぼす	1279	元 クビライ(世祖)
☐⑱ 南京で即位し、元を滅ぼす	1368	明 朱元璋(洪武帝)
☐⑲ モンゴルに親征、鄭和を派遣	15C前半	明 永楽帝(成祖)
☐⑳ 土木の変で捕らえられる	1449	明 正統帝(英宗)
☐㉑ 明末、女真人を統一し、建国	1616	後金 ヌルハチ(太祖)
☐㉒ 李自成の乱で、北京で自殺	1644	明 崇禎帝
☐㉓ 三藩の乱を鎮圧、台湾を平定	1680ころ	清 康熙帝(聖祖)
☐㉔ 康熙帝、雍正帝に続く盛時の皇帝	18C	清 乾隆帝(高宗)
☐㉕ 最後の皇帝、辛亥革命後に退位	1912	清 宣統帝(溥儀)

中国の主な民衆反乱

内容	年代	事項名
☑① 始皇帝の死の直後による農民反乱	前209	陳勝・呉広の農民反乱
☑② 王莽の新を倒した農民反乱	後18	赤眉の乱
☑③ 後漢末、太平道の張角による反乱	184	黄巾の乱
☑④ 唐末、全土にわたる農民反乱	875	黄巣の乱
☑⑤ 元末、白蓮教徒の農民反乱	1351	紅巾の乱
☑⑥ 北京を占領した明末の反乱	1644	李自成の乱
☑⑦ 洪秀全の上帝会による反乱	1851	太平天国の乱
☑⑧ 「扶清滅洋」を唱えた民衆の反乱	1900	義和団戦争

主なイスラームの王朝・帝国

内容	年代	事項名
☑① 都はダマスクス、カリフ世襲を開始	661	ウマイヤ朝
☑② イスラーム帝国、都バグダード	750	アッバース朝
☑③ イベリア半島の王朝、都コルドバ	756	後ウマイヤ朝
☑④ シーア派王朝、都カイロ建設	909	ファーティマ朝
☑⑤ イラン系軍人が興した王朝	932	ブワイフ朝
☑⑥ トルコ人、スルタンの称号	1055	セルジューク朝
☑⑦ 北アフリカ、ベルベル人王朝	1056	ムラービト朝
☑⑧ クルド人サラディンの王朝	1169	アイユーブ朝
☑⑨ デリー=スルタン朝の最初	1206	奴隷王朝
☑⑩ 奴隷軍人のエジプト王朝	1250	マムルーク朝
☑⑪ 14世紀、サマルカンドの王朝	1370	ティムール朝
☑⑫ ビザンツ帝国を滅ぼした国	1453	オスマン帝国
☑⑬ シーア派、都イスファハーン	1501	サファヴィー朝
☑⑭ バーブルがインドに建国	1526	ムガル帝国
☑⑮ 20世紀のアラビア王家	1932	サウード家

絶対主義時代の戦争

内容	年代	事項名
☑① フランスの宗教戦争	1562	ユグノー戦争
☑② 最後で最大の宗教戦争	1618	三十年戦争
☑③ 航海法が原因で勃発	1652	イギリス=オランダ戦争(第1次)
☑④ ルイ14世の隣国に対する野望	1701	スペイン継承戦争
☑⑤ フリードリヒ2世の領土拡張	1740	オーストリア継承戦争
☑⑥ 女大公マリア=テレジアの反撃	1756	七年戦争

近代の各国の市民革命

内容	年代	事項名
☑① イギリス議会と国王との内戦	1642	イギリス革命(ピューリタン革命)
☑② 国王追放後に権利の章典を発布	1688	名誉革命
☑③ 大陸会議が独立を宣言	1776	アメリカ独立宣言
☑④ バスティーユ牢獄襲撃から始まる	1789	フランス革命
☑⑤ フランス復古王政の打倒	1830	七月革命
☑⑥ 国王ルイ=フィリップの追放	1848	二月革命
☑⑦ ウィーンとベルリンの革命	1848	三月革命

近代のヨーロッパとアジア・アフリカの戦争

内容	年代	事項名
☑① イギリスが香港を獲得	1840	アヘン戦争
☑② セヴァストーポリ要塞の攻防	1853	クリミア戦争
☑③ 英仏軍が北京を略奪	1856	アロー戦争(第2次アヘン戦争)
☑④ 反乱を鎮圧し、インドを植民地化	1857	インド大反乱
☑⑤ ロシアの南下、セルビア独立	1877	ロシア=トルコ戦争(露土戦争)
☑⑥ 清が朝鮮の宗主権を失う	1894	日清戦争
☑⑦ 戦後、南アフリカ連邦ができる	1899	南アフリカ戦争
☑⑧ 日露による朝鮮・満洲の争奪	1904	日露戦争
☑⑨ バルカンのトルコ領を奪う	1912	第1次バルカン戦争

近現代の国際条約・国際会議

内容	年代	事項名
☑① 三十年戦争の講和会議	**1648**	ウェストファリア条約
☑② スペイン=ブルボン家の承認	**1713**	ユトレヒト条約
☑③ 七年戦争の英仏の講和条約	**1763**	パリ条約
☑④ フランス革命後の国際会議	**1814**	ウィーン会議
☑⑤ 露土戦争をビスマルクが調停	**1878**	ベルリン会議
☑⑥ 第一次世界大戦の講和会議	**1919**	パリ講和会議
☑⑦ 極東の秩序再建と海軍軍備制限	**1921**	ワシントン会議
☑⑧ ラインラントの現状維持	**1925**	ロカルノ条約
☑⑨ 英仏の宥和政策でチェコ解体	**1938**	ミュンヘン会談
☑⑩ 対独占領政策、対日参戦討議	**1945**	ヤルタ会談
☑⑪ 連合国首脳が対日降伏勧告	**1945**	ポツダム宣言
☑⑫ 国際連合の人権擁護の確認	**1948**	世界人権宣言
☑⑬ インドシナ戦争の国際会議	**1954**	ジュネーヴ会議
☑⑭ 新興の非同盟諸国が主催	**1955**	アジア=アフリカ会議
☑⑮ 核保有国の制限、核譲渡の禁止	**1968**	核拡散防止条約（NPT）

第二次世界大戦後の社会主義陣営

内容	年代	事項名
☑① 国共内戦で共産党が勝利	**1949**	中華人民共和国の成立
☑② NATOに対する東側軍事同盟	**1955**	ワルシャワ条約機構
☑③ カストロ社会主義政権の成立	**1959**	キューバ革命
☑④ 毛沢東が発動、劉少奇失脚	**1966**	プロレタリア文化大革命
☑⑤ ベトナム戦争後、南北統一	**1976**	ベトナム社会主義共和国
☑⑥ ワレサらが自主管理労組を結成	**1980**	ポーランドの「連帯」
☑⑦ 東西ドイツ統一の始まり	**1989**	ベルリンの壁開放
☑⑧ 独立国家共同体（CIS）が成立	**1991**	ソヴィエト連邦の崩壊

| **世界史年表**

年代	ギリシア・ローマ、ヨーロッパ	オリエント・西アジア
前1万		● 農耕・牧畜の開始
前6000		● 初期農耕文化
		● 青銅器出現
前4000		● 鉄器普及
前3000	● 青銅器時代に入る	● エジプトに統一国家
	● エーゲ文明	● シュメール人の都市国家ができる
前2000	● クレタ文明	● バビロン第1王朝成立
		● ハンムラビ王の治世
	● ミケーネ文明	● ヒッタイト建国
		● ヒッタイト、バビロン第1王朝を滅ぼす
前1000		● ヘブライ王国繁栄
前800	● ギリシアにポリス形成	● ヘブライ王国分裂
前700	753頃 伝説上のローマ建設	
		722 アッシリア、イスラエルを滅ぼす
		● アッシリアのオリエント統一
前600	594 ソロンの改革	612 アッシリア滅亡
	● アテネの僭主政治	586 バビロン捕囚
	509頃 ローマが共和政となる	550 アケメネス朝建国
前500	508 クレイステネスの改革	525 アケメネス朝のオリエント統一
	490 マラトンの戦い ⎱ ペルシア戦争（前500～前449）	
	480 サラミスの海戦 ⎰	
前400	431 ペロポネソス戦争（～前404）	
	367 リキニウス・セクスティウス法の制定	
	338 カイロネイアの戦い	
	334 アレクサンドロスの東方遠征（～前324）	
		330 アケメネス朝滅亡
		● セレウコス朝・プトレマイオス朝分立

南・東南アジア	北・東アジア	日本
		(前1万4000年〜)
		● 縄文時代
	● 仰韶文化	
	● 竜山文化	
● インダス文明		
● アーリヤ人の西北インド進入		
	● 殷王朝成立	
	● 殷滅亡、周王朝成立	
● アーリヤ人のガンジス川進出		
	770　周の洛邑遷都、春秋時代始まる(〜前403)	
	551頃　孔子の誕生	
500頃　ガウタマ=シッダールタの誕生	● スキタイ文化	
● コーサラ国・マガダ国繁栄		● 弥生時代
● ジャイナ教・仏教成立		
	403　戦国時代始まる(〜前221)	
	359　商鞅が変法を始める	
317頃　マウリヤ朝成立 (〜前180頃)		

年代	ギリシア・ローマ、ヨーロッパ		オリエント・西アジア	
前300	287	**ホルテンシウス法**制定		
	272	ローマ、イタリア半島支配	●	パルティア王国・バクトリア王国建国
	264	ポエニ戦争（～前146）		
前200				
	146	カルタゴ滅亡		
	133	**グラックス兄弟**の改革（～前121）		
前100				
	73	**スパルタクスの反乱**（～前71）		
	60	第1回**三頭政治**		
	44	**カエサル**暗殺される		
	43	第2回三頭政治		
	31	**アクティウムの海戦**	30	プトレマイオス朝（エジプト）滅亡
	27	ローマ帝政始まる		
紀元				
	30頃	**イエスの処刑**		
	64	ネロ帝のキリスト教徒迫害		
	96	**五賢帝時代**始まる（～180）	77	ゾロアスター教典『アヴェスター』の
		〈五賢帝〉ネルウァ、トラヤヌス、		結集
		ハドリアヌス、アントニヌス=ピウ		
		ス、マルクス=アウレリウス=アント		
		ニヌス		
100				
	●	ローマ帝国、領域最大となる		
		（トラヤヌス帝期）		
	161	マルクス=アウレリウス=アントニヌ		
		ス帝即位（～180）		
200				
	235	**軍人皇帝時代**（～284）	224	**ササン朝建国**（～651）
	284	ディオクレティアヌス帝の**専制君主政**		
	293	四帝分治制（テトラルキア）開始		
300				
	313	コンスタンティヌス帝の**ミラノ勅令**		
		でキリスト教公認	●	ゾロアスター教、ササン朝の国教と
	325	**ニケーア公会議**		なる
	330	コンスタンティノープル遷都		
	375	**ゲルマン人の大移動**始まる		
	392	キリスト教、ローマ帝国の国教となる		
	395	**ローマ帝国**の東西分裂		
400				
	451	カタラウヌムの戦い		
	476	西ローマ帝国滅亡		
	481	**フランク王国**建国	●	エフタル、ササン朝に侵入
	496	フランク王**クローヴィス**、カトリック		
		に改宗		

南・東南アジア	北・東アジア	日本
268頃　アショーカ王即位 （〜前232頃）	221　秦、中国を統一（〜前206） 202　前漢建国（〜後8）	
	154　呉楚七国の乱 141　武帝即位（〜前87） 139　武帝、張騫を西域に派遣 108　武帝、楽浪など4郡設置	
	91頃　司馬遷『史記』完成 ● 仏教、中国へ伝来	
● クシャーナ朝成立 （〜3世紀）	8　王莽、新建国（〜23） 25　劉秀、後漢建国（〜220） ● 高句麗成立（〜668） 57　光武帝、倭の奴国の使者に金印授与	
● メコン川下流に扶南建国	91　班超、西域都護となる 97　甘英を大秦（ローマ）に派遣	
● サータヴァーハナ朝繁栄 130頃　カニシカ王即位（〜170頃） ● ガンダーラ美術発達 ● チャンパー成立（〜17世紀）	166　大秦王安敦の使者、日南郡に至る 184　黄巾の乱	107　倭の国王帥升らが生口を後漢に献上
● クシャーナ朝、ササン朝に攻められ衰退	220　後漢滅亡、三国時代始まる 265　魏滅亡、晋建国 280　呉滅亡、晋が中国を統一	239　邪馬台国（卑弥呼）、魏に使いを送る
320頃　グプタ朝成立（〜550頃） 376頃　チャンドラグプタ2世即位 （〜414頃）、グプタ朝の最盛期	304　五胡十六国時代（〜439） 316　晋滅亡 317　東晋建国（〜420） ● 百済・新羅成立	● ヤマト政権の統一が進む
● 法顕、インドで仏教をおさめる	420　江南に宋成立〈南朝〉 439　北魏、華北統一〈北朝〉 485　北魏の孝文帝、均田制を実施	

年代	ヨーロッパ	西アジア
500	527 東ローマ帝国(ビザンツ帝国)、**ユスティニアヌス大帝**即位(～565) 529 モンテ=カシノに修道院創設 568 ランゴバルド王国建国 585 スラヴ人の移動始まる	● ササン朝繁栄 531 ササン朝、ホスロー1世即位(～579) 570頃 **ムハンマド**誕生(～632)
600		622 ヒジュラ(聖遷) 642 ニハーヴァンドの戦い 651 ササン朝滅亡 661 **ウマイヤ朝**成立(～750)
700	711 西ゴート王国滅亡 726 ビザンツ帝国で**聖像禁止令** 732 トゥール・ポワティエ間の戦い 751 **ピピン**、カロリング朝建国 756 ピピン、教皇に領地を寄進 756 イベリア半島に**後ウマイヤ朝**が成立 800 **カール大帝**の戴冠	750 ウマイヤ朝滅亡、**アッバース朝**成立(～1258) 751 **タラス河畔の戦い**、唐の製紙法西伝 786 アッバース朝、**ハールーン=アッラシード**即位(～809)
800	843 **ヴェルダン条約** 862 ノヴゴロド国建国 870 メルセン条約、独・仏・伊の原型 882頃 **キエフ公国**建国	● アッバース朝の首都バグダード繁栄
900	911 **ノルマンディー公国**成立 911 東フランク、カロリング家断絶 962 神聖ローマ帝国成立 987 西フランク、**カペー朝**成立(～1328) 989 キエフ公国の**ウラディミル1世**、ギリシア正教に改宗	909 **ファーティマ朝**建国(～1171) 932 ブワイフ朝成立(～1062) 946 ブワイフ朝、バグダード入城 977 **ガズナ朝**成立(～1187)
1000	16 クヌート、イングランドを支配(～35) 66 イギリス、**ノルマン朝**成立(～1154) 77 カノッサの屈辱 95 **クレルモン宗教会議** 96 第1回十字軍(～99)	38 **セルジューク朝**成立(～1194) 55 セルジューク朝、バグダード入城、スルタンを称する 76頃 **ムラービト朝**、ガーナ王国を攻撃
1100	30 両シチリア王国成立 89 第3回十字軍(～92) 98 **教皇インノケンティウス3世**即位(～1216)	32 西遼成立(～1211) 48頃 **ゴール朝**成立(～1215) 69 アイユーブ朝成立(～1250) 87 **サラディン**、イェルサレム奪還

南・東南アジア	北・東アジア	日本
● クメール人、カンボジアを建国(〜15世紀)		● 仏教伝来
	552 突厥おこる(〜745)	
	581 **隋**建国(〜618)	593 聖徳太子、摂政に就任
	589 隋、中国を統一	
606 ハルシャ王、**ヴァルダナ朝**建国(〜647)	618 隋滅亡、**唐**建国(〜907)	607 **遣隋使**(小野妹子)
● インド、分裂期に入る	627 **貞観の治**(〜649)	630 第1回**遣唐使**派遣
● スマトラ島に**シュリーヴィジャヤ**王国成立(〜8世紀)	663 **白村江の戦い**	645 大化の改新
	676 **新羅**、朝鮮半島を統一	
	698 **渤海**建国(〜926)	
	713 **開元の治**(〜741)	710 平城京遷都
● 南詔(〜902)、雲南周辺統一		
752 ジャワ島に**シャイレンドラ朝**成立(〜832)	755 安史の乱(〜763)	
	780 **両税法**の施行	794 平安京遷都
	● ウイグルの中国侵入激化	
● シャイレンドラ朝、ボロブドゥール造営	● キルギス、ウイグルを滅ぼす	
	875 **黄巣の乱**(〜884)	
		894 **遣唐使停止**
	907 唐滅亡、**五代十国時代**始まる(〜979)	
937 雲南に**大理**建国(〜1254)	916 **遼**建国(〜1125)	● 摂関政治
	918 **高麗**建国(〜1392)	
	960 **北宋**建国(〜1127)	
09 ベトナム、**大越国**(李朝)建国(〜1225)	04 遼と北宋、澶淵の盟	
● イスラームが北インドに浸透	38 **西夏**建国(〜1227)	
44 ビルマ(ミャンマー)、**パガン朝**成立(〜1299)	69 **王安石**の新法施行	86 院政開始
	15 **金**建国(〜1234)	
	25 遼滅亡	85 平氏滅亡
87 **ゴール朝**、ガズナ朝を滅ぼす	26 **靖康の変**(〜27)	92 源頼朝、征夷大将軍となる
	27 北宋滅亡、**南宋**建国	

年代	南・北アメリカ	ヨーロッパ、ロシア
1200	● マヤ文明の繁栄期(4～9世紀頃)	02 第4回十字軍(～04) 04 ラテン帝国建国 15 イギリス、**マグナ=カルタ**成立 41 ワールシュタットの戦い 41 ハンザ同盟 43 キプチャク=ハン国成立 56 ドイツ、大空位時代(～73) 95 イギリス、模範議会を開く
1300	● **アステカ王国**成立(14世紀)	02 フランス、三部会を開く 03 教皇の**アナー二事件** 09 教皇の**バビロン捕囚**(～77) 39 **英仏百年戦争**(～1453) 48 西欧に**ペスト**(黒死病)大流行 56 ドイツで金印勅書 81 ワット=タイラーの乱
1400	● **インカ帝国**成立(15世紀)	14 **コンスタンツ公会議** 55 バラ戦争(～85) 79 スペイン王国成立 80 モスクワ大公国の独立 85 イギリス、テューダー朝成立 92 スペイン、グラナダ占領／コロンブス、 西インド諸島到達
1500	21 **コルテス**がメキシコ征服、アステカ 王国滅亡 33 **ピサロ**がペルー征服、インカ帝国滅亡 ▲マチュピチュ(インカ帝国の遺跡)	17 ドイツで**宗教改革**始まる 19 マゼラン、世界周航に出発 24 ドイツ農民戦争(～25) 26 **オスマン帝国**、ハンガリー征服 34 イギリスの首長法、**イギリス国教会**創設 41 **カルヴァン**の宗教改革始まる 45 **トリエント公会議**(～63) 55 アウクスブルクの和議 62 ユグノー戦争(～98) 71 レパントの海戦 81 **オランダ**独立宣言 88 スペイン無敵艦隊の敗北 98 フランス、ナントの王令発布
1600	07 イギリス、ヴァージニア植民地を建設 20 メイフラワー号、プリマス到着	03 イギリス、**ステュアート朝**成立(～1714) 13 ロシア、**ロマノフ朝**成立(～1917) 18 ドイツ、**三十年戦争**(～48) 42 イギリス、ピューリタン革命(～49) 43 フランス、**ルイ14世**即位(～1715)
1650		48 ウェストファリア条約

アフリカ、西・南・東南アジア	北・東アジア	日本
06 **奴隷王朝**成立(〜90)(デリー＝ スルタン朝：〜1526)	06 **チンギス＝カン**即位(〜27)	
50 エジプト、マムルーク朝成立 　　　　　　　　　　(〜1517)	36 バトゥ西征開始	
58 **アッバース朝**滅亡、イル＝ハン 国成立(〜1353)	53 フレグ西征開始	
93 インドネシア、**マジャパヒト王 国**建国(〜1527頃)	58 高麗、モンゴルに服属	
99 **オスマン帝国**成立(〜1922)	71 **元**建国(〜1368)	74 **元寇**(文永の役)
	79 南宋滅亡	81 元寇(弘安の役)
● イブン＝バットゥータの世界旅行	● **前期倭寇**	33 鎌倉幕府滅亡
51 タイ、**アユタヤ朝**成立 　　　　　　　　　　(〜1767)	51 紅巾の乱(〜66)	38 室町幕府成立
	68 **明**建国(〜1644)	
70 **ティムール朝**成立(〜1507)	92 **朝鮮**王国成立(〜1910)	● 倭寇がさかん
	99 **靖難の役**(〜1402)	
02 アンカラの戦い	02 **永楽帝**即位(〜24)	04 **日明(勘合)貿易**開始
28 ベトナム、大越国(黎朝)建国 　　　(〜1527、1532〜1789)	05 鄭和、南海遠征(〜33)	
	● **エセン＝ハーン**のオイラト強盛	
53 オスマン帝国、**ビザンツ帝国** を滅ぼす	46 **訓民正音**(ハングル)制定	67 応仁の乱(〜77)
98 **ヴァスコ＝ダ＝ガマ**、カリカット に到達	49 土木の変	● 戦国時代に突入
01 イラン、**サファヴィー朝**成立 　　　　　　　　　　(〜1736)	17 ポルトガル人、広州に来航	
10 ポルトガル、ゴア占領	● **後期倭寇**	43 ポルトガル人が**種子島** に漂着
20 オスマン帝国、**スレイマン１世** 即位(〜66)	50 アルタン＝ハーン、北京包囲	49 ザビエル来航
26 **ムガル帝国**建国(〜1858)	57 ポルトガル、マカオ居住権獲得	
29 スレイマン１世、ウィーン包囲	● 江南で**一条鞭法**施行	● 倭寇が再びさかん
31 ビルマ(ミャンマー)、トゥング ー朝成立(〜1752)	72 張居正の改革(〜82)	
56 ムガル帝国、**アクバル帝**即位 　　　　　　　　　　(〜1605)	82 **マテオ＝リッチ**、マカオに至る	73 室町幕府滅亡
71 スペイン人、マニラ建設	92 **豊臣秀吉の朝鮮侵略** 　　(壬辰・丁酉の倭乱)(〜98)	82 **天正遣欧使節**
00 **イギリス東インド会社**設立		92 朝鮮出兵
		00 関ヶ原の戦い
02 **オランダ東インド会社**設立	16 **後金(清)**建国(〜1912)	03 江戸幕府成立
	24 オランダ、台湾を占領	
23 **アンボイナ事件**	36 後金、清と改称	37 島原の乱
	37 朝鮮、清に服属	
	44 **李自成**の北京占領、明滅亡	41 **鎖国体制**の完成

年代	南・北アメリカ	ヨーロッパ、ロシア
1651	64 イギリス、オランダ植民地のニューアム ステルダムを奪い、**ニューヨーク**と改称	51 イギリスの<u>航海法</u> 52 **イギリス=オランダ戦争**(〜74) 82 ロシア、<u>ピョートル1世</u>即位(〜1725) 88 <u>イギリス、名誉革命</u>(〜89) 89 イギリス、<u>権利の章典</u>制定 00 ロシア、<u>北方戦争</u>(〜21)
1700	02 アン女王戦争(〜13) 32 13植民地建設 44 ジョージ王戦争(〜48) 54 フレンチ=インディアン戦争(〜63) 63 イギリス・フランスの<u>パリ条約</u> 73 <u>ボストン茶会事件</u> 75 **アメリカ独立戦争**(〜83) 76 <u>アメリカ独立宣言</u> 83 パリ条約、アメリカ独立 87 <u>アメリカ合衆国憲法</u>制定 89 **ワシントン**、アメリカの初代大統領に就 任(〜97)	01 <u>プロイセン王国</u>成立 13 <u>ユトレヒト条約</u> 21 イギリスで責任内閣制 40 **オーストリア継承戦争**(〜48) 56 七年戦争(〜63) ● イギリスで産業革命始まる 72 第1回**ポーランド分割** 89 **フランス革命**始まる 92 フランス第一共和政(〜1804) 94 **テルミドールの反動** 95 第3回ポーランド分割 99 フランスで統領政府樹立
1800	03 フランスよりルイジアナを買収 04 ハイチ独立、以後ラテンアメリカ諸国の 独立運動始まる 12 **アメリカ=イギリス戦争**(〜14) 20 ミズーリ協定 23 <u>モンロー宣言</u>(教書) 30 先住民強制移住法 45 テキサス併合 46 **アメリカ=メキシコ戦争**(〜48) 48 カリフォルニアを領有	04 **ナポレオン皇帝**即位(第一帝政、〜14、15) 05 **トラファルガーの海戦** 06 神聖ローマ帝国消滅 06 ナポレオンの大陸封鎖令 12 ナポレオンのロシア遠征 13 <u>ライプツィヒの戦い</u> 14 ナポレオン退位 14 ウィーン会議(〜15) 15 ウィーン条約調印／ワーテルローの戦い 21 <u>ギリシア独立戦争</u>(〜29) 25 ロシア、デカブリストの乱 29 イギリス、カトリック教徒解放法成立 30 フランス、七月革命 32 イギリス、**第1回選挙法改正** 33 イギリス、**工場法**制定 34 **ドイツ関税同盟** 46 イギリス、<u>穀物法</u>廃止 48 フランス、二月革命／ドイツ・オースト リア三月革命 49 イギリス、**航海法**廃止 52 **ナポレオン3世**即位(第二帝政、〜70) 53 <u>クリミア戦争</u>(〜56)
1860		

アフリカ、西・南・東南アジア	北・東アジア	日本
58　ムガル帝国、**アウラングゼーブ帝**即位(〜1707)	61　**康熙帝**即位(〜1722)	
61　イギリス、ボンベイ取得	61　鄭成功、台湾奪回	
64　**フランス東インド会社**再興	73　三藩の乱(〜81)	
72　フランス、ポンディシェリ取得	83　清、台湾征服	
99　**カルロヴィッツ条約**	89　**ネルチンスク条約**	
44　カーナティック戦争(〜61)		
44頃　ワッハーブ王国成立	17　広東で**地丁銀制**施行	16　享保の改革(〜45)
52　ビルマ(ミャンマー)、コンバウン朝成立(〜1885)	22　**雍正帝**即位(〜35)	
57　英仏、インドで**プラッシーの戦い**	27　**キャフタ条約**	
	35　乾隆帝即位(〜95)	
78　ベトナム、西山朝成立(〜1802)	57　貿易港を広州に制限	
82　タイ、ラタナコーシン朝成立		
96　イラン、ガージャール朝成立(〜1925)	93　イギリス、マカートニーを清に派遣	87　寛政の改革(〜93)
		92　ラクスマン、根室に来航
98　ナポレオンのエジプト遠征	96　**白蓮教徒の乱**(〜1804)	
02　**阮福暎**、ベトナムを統一		
05　**ムハンマド=アリー**、エジプト総督となる		08　間宮林蔵、樺太探検
	16　イギリス、アマーストを清に派遣	
19　イギリス、シンガポールを買収		25　異国船打払令
28　トルコマンチャーイ条約		
31　**第1次エジプト=トルコ戦争**(〜33)		
39　第2次エジプト=トルコ戦争(〜40)	39　林則徐、広州でアヘンの取締り	
	40　**アヘン戦争**(〜42)	41　天保の改革(〜43)
	42　**南京条約**	
48　イラン、バーブ教徒の乱	47　ムラヴィヨフ、東シベリア総督となる	
	51　太平天国の乱(〜64)	53　ペリー来航
57　インド大反乱(〜59)	56　アロー戦争(〜60)	54　日米和親条約
58　ムガル帝国滅亡、**イギリスのインド直接統治**	58　アイグン条約／天津条約	58　日米修好通商条約
	60　**北京条約**	

185

年代	南・北アメリカ	ヨーロッパ、ロシア
1861	61 リンカン、大統領就任（〜65）	61 ロシア、農奴解放令
	61 南北戦争（〜65）	61 イタリア王国の成立
	63 リンカン、**奴隷解放宣言**	64 第1インターナショナル結成（〜76）
		66 **プロイセン=オーストリア戦争**
	67 アメリカ、ロシアよりアラスカを買収	70 ドイツ=フランス戦争（〜71）
	69 アメリカ、大陸横断鉄道開通	70 イタリア、教皇領占領
		71 ドイツ帝国成立／パリ=コミューン
		77 **ロシア=トルコ戦争（〜78）**
		78 ベルリン会議
		82 独・墺・伊、三国同盟
	89 第1回**パン=アメリカ会議**	89 第2インターナショナル結成（〜1914）
	90 反トラスト法制定	90 ドイツ、ビスマルク引退
	98 **アメリカ=スペイン戦争**	94 **露仏同盟**
	99 アメリカ、中国の門戸開放を提唱	94 フランス、ドレフュス事件
1900		01 オーストラリア連邦成立
		02 イギリス、**日英同盟**
		04 日露戦争（〜05）
		04 英仏協商
		05 血の日曜日事件（第1次ロシア革命）
		05 ポーツマス条約
	10 メキシコ革命（〜17）	07 英露協商（**三国協商**成立）
1910		12 第1次バルカン戦争
		13 第2次バルカン戦争
	14 パナマ運河開通	14 サライェヴォ事件、**第一次世界大戦**勃発（〜18）
		15 イタリア、連合国側に参戦
		17 ドイツ、無制限潜水艦作戦を宣言
	17 アメリカ、第一次世界大戦参戦	17 ロシア二月革命・十月革命
		17 イギリス、バルフォア宣言
	18 ウィルソン大統領の十四カ条	18 独・ソ、ブレスト=リトフスク条約
		18 連合国、対ソ干渉戦争（〜22）
		18 ドイツ革命、第一次世界大戦終結
	19 **パリ講和会議、ヴェルサイユ条約**	19 モスクワで**コミンテルン**結成
		19 ドイツ、ヴァイマル憲法制定
		20 国際連盟成立（〜46）
1920	21 ワシントン会議（〜22）	21 ソヴィエト、新経済政策（ネップ）採用
		22 イタリアで**ファシスト**政権成立
1922		22 ソヴィエト社会主義共和国連邦成立（〜1991）

アフリカ、西・南・東南アジア	東アジア	日本
	61 同治の中興 (〜74)	
69 スエズ運河 の開通	● 洋務運動 (〜90年代)	68 明治維新
77 英領インド帝国成立	76 日朝修好条規	76 日朝修好条規
(〜1947)		
84 清仏戦争 (〜85)		
85 インド国民会議 結成	85 天津条約	
87 フランス領インドシナ連邦成立		89 大日本帝国憲法発布
	94 日清戦争 (〜95)	
95 イギリス、マレー連合州を結成	95 下関条約	
98 英仏、ファショダ事件	98 列強の中国分割開始	
98 フィリピン、アメリカ領となる	98 戊戌の変法	
99 南アフリカ戦争 (〜1902)		
00 パン=アフリカ会議	00 義和団戦争 (〜01)	
	01 北京議定書調印	
		02 日英同盟
06 イランで立憲革命による憲法公布		04 日露戦争 (〜05)
08 青年トルコ革命	05 中国同盟会結成／科挙廃止	05 ポーツマス条約
	08 清、憲法大綱発布	
	10 日本、韓国併合 (〜45)	
11 インドネシアでイスラーム同盟 結成	11 辛亥革命	11 関税自主権の完全回復
	12 中華民国の成立、清滅亡	
15 フセイン・マクマホン協定	15 日本、中国に二十一カ条の要求	
	17 中国、対ドイツ宣戦	17 石井・ランシング協定
19 ローラット法制定、インドで非 暴力・不服従抵抗運動が激化	19 朝鮮、三・一独立運動	18 シベリア出兵
19 アフガニスタン独立	19 中国、五・四運動／中国国民党 結成	
20 オスマン帝国、セーヴル条約調印		
	21 中国共産党結成	
22 トルコ革命		

年代	南・北アメリカ	ヨーロッパ、ソ連
1923		23 フランス、ルール占領
	24 ウィルソン(大統領)死去	24 レーニン死去
	24 移民法成立	24 ドイツの賠償方式、ドーズ案まる
		25 ロカルノ条約
		26 ドイツ、国際連盟に加入
		28 ソ連、第1次五カ年計画(〜32)
	28 パリ不戦条約	
	29 ニューヨーク、ウォール街の株価大暴落、世界恐慌が起こる	29 ドイツの賠償方式、ヤング案まる
1930		30 ロンドン海軍軍縮会議
		31 英、ウェストミンスター憲章
		32 英、オタワ連邦会議
	33 F. ローズヴェルト大統領就任、ニューディール政策開始	33 ドイツ、ナチス政権成立
		33 ドイツ、国際連盟脱退
	33 テネシー川流域開発公社(TVA)農業調整法/全国産業復興法	33 ソ連、第2次五カ年計画(〜37)
	33 ソ連を承認	34 ソ連、国際連盟に加入
		35 ドイツ、再軍備宣言
	35 ワグナー法(全国労働関係法)制定/産業別労働者組織委員会成立	35 イタリア、エチオピア侵略
		36 ドイツ、ラインラント進駐
		36 スペイン内戦(〜39)
		36 ソ連、スターリン憲法制定
		37 日独伊防共協定
		38 ドイツ、オーストリア併合
		38 ミュンヘン会談
		39 チェコ解体/独ソ不可侵条約
		39 第二次世界大戦勃発(〜45)
		39 ソ連、フィンランド侵攻
		40 フランス、対独降伏
1940		40 日独伊三国同盟
	▲真珠湾攻撃	41 日ソ中立条約
		41 独ソ戦
	41 米英首脳、大西洋憲章発表	
	41 日本軍、真珠湾攻撃、太平洋戦争勃発(〜45)	42 スターリングラードの戦い(〜43)
		43 イタリア降伏
	43 カイロ会談(米英中)・テヘラン会談(米英ソ)	
		44 連合軍、ノルマンディー上陸
	45 ヤルタ会談(米英ソ)・ポツダム宣言(米英ソ)	
	45 米大統領トルーマン(〜53)	45 ドイツ降伏
		45 ソ連、対日参戦
	45 第二次世界大戦終結	
1945	45 サンフランシスコ会議で国際連合憲章採択、国際連合成立	

アフリカ、西・南・東南アジア	東アジア	日本
23 トルコ、ローザンヌ条約調印、トルコ共和国成立	24 中国、**第1次国共合作**	23 関東大震災
25 イラン、**パフレヴィー朝**成立（〜79）	24 モンゴル人民共和国独立	25 普通選挙法成立
	25 孫文死去／五・三〇事件	
	26 国民革命軍、**北伐**を開始（〜28）	27 金融恐慌
	27 上海クーデタ、**国共内戦**	
29 インド、国民会議派ラホール大会（プールナ=スワラージを決議）	28 北伐完成	27 第1次山東出兵
30 インドシナ共産党結成	28 日本、第2次山東出兵	
	28 日本軍、張作霖爆殺	
	31 満洲事変	
32 サウジアラビア王国成立	32 日本、満洲国樹立	
	32 上海事変	32 五・一五事件
	34 中国共産党軍、長征 開始（〜36）	33 **国際連盟脱退**
35 **新インド統治法**制定	35 中国共産党、八・一宣言	
	36 西安事件	36 二・二六事件
37 ビルマ（ミャンマー）、インドより分離	37 **盧溝橋事件**、日中戦争 勃発（〜45）	
		37 **日独伊防共協定**
	37 中国、**第2次国共合作**	
	37 国民政府、重慶遷都	
	37 南京陥落	
39 シャム、国名をタイに改称		
40 日本軍、フランス領インドシナ進駐	40 南京に**汪兆銘**政権	40 日独伊三国同盟
		41 **日ソ中立条約**
41 太 平 洋 戦 争 勃 発 （〜45）		
42 日本軍、東南アジア各地を占領		42 ミッドウェー海戦
45 アラブ諸国連盟結成	45 ソ連軍、満洲侵攻	45 広島・長崎に原爆投下
45 インドネシア共和国が独立宣言		45 **ポツダム宣言**受諾により、日本降伏
	45 太 平 洋 戦 争 終 結	

年代	南・北アメリカ	ヨーロッパ、ソ連・ロシア
1946		46 フランス第四共和政（〜**58**）
		46 イタリア、共和政
	<u>47</u> トルーマン=ドクトリン／**マーシャル=プラン**	47 ソ連・東欧諸国、**コミンフォルム**結成（〜**56**）
	48 米州機構	48 **ベルリン封鎖**（〜**49**）
	49 <u>北大西洋条約機構(NATO)</u> 結成	
		49 ドイツ連邦共和国・ドイツ民主共和国成立
1950		52 ヨーロッパ石炭鉄鋼共同体(ECSC)発足
	53 米大統領にアイゼンハワー就任（〜**61**）	53 スターリン死去
		<u>54</u> ジュネーヴ休戦協定
		55 ワルシャワ条約機構結成（〜**91**）
		<u>56</u> ソ連、スターリン批判
		58 **ヨーロッパ経済共同体(EEC)** 発足
	59 **キューバ革命**	59 フルシチョフ訪米
1960	61 米大統領にケネディ就任（〜**63**）	61 ベルリン封鎖、ベルリンの壁をつくる
	<u>62</u> **キューバ危機**	
	63 <u>部分的核実験禁止条約</u> (米英ソ)	
	63 ケネディ暗殺	67 EC発足
1970	<u>71</u> **米、金・ドル交換停止**	<u>72</u> 東西ドイツ基本条約
	73 米、ベトナムより撤兵	75 スペイン、フランコ死去
	<u>75</u> 第1回先進国首脳会議	
		77 ソ連、新憲法制定
1980	82 英・アルゼンチン、フォークランド戦争	86 ソ連、チョルノービリ原発事故
		86 ソ連、**ペレストロイカ**実施
		<u>89</u> **ベルリンの壁の開放**
	89 米ソ首脳、**マルタ会談**（冷戦終結）	
		90 **ドイツ統一**
1990		91 ワルシャワ条約機構解体、**ソ連崩壊**
	92 北米自由貿易協定(NAFTA)結成	91 ユーゴスラヴィア解体、内戦勃発
		<u>93</u> **EU発足**
		99 NATO軍、セルビア空爆
2000	01 米同時多発テロ	02 **ユーロ**流通開始
	08 リーマン・ショック	13 EU、加盟28カ国に拡大
	15 米、キューバと国交回復	14 ロシア、クリミア併合を強行
		20 英、EUを離脱
	● 新型コロナウイルス感染症の世界的流行（パンデミック）	
		22 ロシア、ウクライナに侵攻

アフリカ、西・南・東南アジア	東アジア	日本
46 シリア共和国成立		46 日本国憲法制定
46 フィリピン共和国独立		
46 **インドシナ戦争**（〜54）	48 大韓民国・朝鮮民主主義人民共	
47 インド・パキスタン分離独立	和国成立	
48 ビルマ・スリランカ独立	49 **中華人民共和国**成立	
48 **イスラエル**建国	50 中ソ友好同盟相互援助条約	
49 ラオス独立	（〜80）	
49 インドネシア連邦共和国となる	50 **朝鮮戦争**勃発（〜53）	
51 イラン石油国有化	53 中国、第1次五カ年計画（〜57）	51 **サンフランシスコ平和**
52 **エジプト革命**	54 **周恩来・ネルー会談**	**条約**
54 東南アジア条約機構		51 **日米安全保障条約**
55 **第1回アジア=アフリカ会議**		56 日ソ国交回復
56 エジプト、スエズ国有化宣言		56 **国連加盟**
57 ガーナ独立	58 中国、**人民公社**開始（〜85）	60 日米安保条約改定
60 「アフリカの年」		
63 **アフリカ統一機構**成立		64 東京オリンピック
65 **ベトナム戦争**激化		65 日韓基本条約
	66 中国、**プロレタリア文化大革命**	
67 ASEAN結成	（〜77）	
73 第4次中東戦争	72 米大統領、**ニクソン訪中**	72 沖縄復帰
79 **イラン=イスラーム革命**	76 周恩来・毛沢東死去／四人組失脚	72 **日中国交正常化**
79 ソ連、アフガニスタン進駐（〜89）	79 中国、米と国交正常化	
80 イラン=イラク戦争（〜88）		78 **日中平和友好条約**
		86 東京で先進国首脳会議
		（サミット）開催
	89 中国、**天安門事件**	● 日米貿易摩擦が激化
	90 韓国、ソ連と国交樹立	
91 湾岸戦争	91 韓国・北朝鮮、国連同時加盟	92 PKO協力法成立
94 南アフリカ共和国、**マンデラ**政	97 **香港**、中国に返還	95 阪神・淡路大震災
権成立	99 **マカオ**、中国に返還	99 日米防衛協力の新ガイ
98 インド・パキスタン核実験	00 韓国・北朝鮮首脳会談	ドライン関連法成立
01 米英、**アフガニスタン**攻撃		02 日朝首脳会談
02 アフリカ連合成立		03 有事関連三法成立
03 イラク戦争	06 北朝鮮、核実験	04 自衛隊、イラクへ派遣
10 「アラブの春」開始		11 東日本大震災
11 シリア内戦開始		
● 新型コロナウイルス感染症の世界的流行（パンデミック）		
	20 中国、香港国家安全維持法	21 東京オリンピック・
		パラリンピック

　　　編集協力　群企画（佐藤精一郎）
　　装丁デザイン　ブックデザイン研究所
　　本文デザイン　ケーエスアイ
　　　　図　版　デザインスタジオエキス．
イラスト・マンガ　タテノ　カズヒロ

写真提供

アメリカ議会図書館　大英図書館　中華民国総統府　AGE FOTOSTOCK / アフロ　akg-
images / アフロ　Bridgeman Images / アフロ　GAMMA/アフロ　Iberfoto / アフロ　KIK-
IRPA(CC-BY 4.0)　Paris Musées　TopFoto / アフロ　　　　　　　　　　　〈敬称略〉

高校 100%丸暗記　世界史年代

編著者　高校教育研究会　　発行所　受験研究社

発行者　岡　本　泰　治　　©株式会社　増進堂・受験研究社

〒550-0013　大阪市西区新町 2—19—15
注文・不良品などについて：(06)6532-1581（代表）　／本の内容について：(06)6532-1586（編集）

Printed in Japan　　寿印刷・高廣製本
落丁・乱丁本はお取り替えします。